13岁前，决定孩子一生的好习惯

靳和平 / 编著

哈尔滨出版社

HARBIN PUBLISHING HOUSE

图书在版编目（CIP）数据

13岁前，决定孩子一生的好习惯 / 靳和平编著.—哈
尔滨：哈尔滨出版社，2018.1
ISBN 978-7-5484-3582-2

Ⅰ.①1… Ⅱ.①靳… Ⅲ.①少年儿童–习惯性–能
力培养–家庭教育 Ⅳ.①G782②B842.6

中国版本图书馆CIP数据核字（2017）第170097号

书　　名：13岁前，决定孩子一生的好习惯
作　　者：靳和平　编著
责任编辑：韩金华　王　放
责任审校：李　战
封面设计：上尚装帧设计

出版发行：哈尔滨出版社（Harbin Publishing House）
社　　址：哈尔滨市松北区世坤路738号9号楼　　邮编：150028
经　　销：全国新华书店
印　　刷：哈尔滨市石桥印务有限公司
网　　址：www.hrbcbs.com　　www.mifengniao.com
E-mail：hrbcbs@yeah.net
编辑版权热线：（0451）87900271　87900272
销售热线：（0451）87900202　87900203
邮购热线：4006900345　（0451）87900345　87900256

开　　本：787mm×1092mm　　1/16　　印张：14.5　　字数：210千字
版　　次：2018年1月第1版
印　　次：2018年10月第2次印刷
书　　号：ISBN 978-7-5484-3582-2
定　　价：29.80元

凡购本社图书发现印装错误，请与本社印制部联系调换。
服务热线：（0451）87900278

13 岁前，孩子为什么要养成好习惯

田野里的草丛边，整整齐齐排列着的蛋壳"啪、啪、啪"先后都裂开了，一只只毛茸茸的小东西陆续从蛋壳中爬了出来。只见它们昂了昂细细的脖子，抖了抖身上稀少的羽毛，小眼睛骨碌碌地瞅来瞅去，打量着周围的一切。它们在寻找什么？食物还是妈妈？

忽然，有一位和蔼可亲的伯伯出现在田野里，看了它们一眼便转身走开。这群刚钻出蛋壳的小东西立刻迈开细细的小腿，一摇一摆地跟着这位伯伯在田野里走来走去。

这时，一只白白肥肥的鹅妈妈从远处赶来，不用说，它一定是来看自己的小宝宝的。但小东西们跟着伯伯走得正欢，对鹅妈妈不理不睬。尽管鹅妈妈对它们百般"示爱"，但它们却"视而不见"。鹅妈妈只能伤心地在草丛边等着小鹅们回来。

那位伯伯走到一个小山顶上，小鹅们心存犹豫地停下了跟随的脚步。伯伯面带微笑在山顶上挥动着双臂，小鹅们则拍打着翅膀立刻奔向了他。看得出来，小鹅们与这位伯伯的关系真不一般，它们简直把他当成了自己的"妈妈"。

这是怎么回事呢？原来，这位伯伯是一位著名的生物学家。以上就是他跟小鹅们做的一个实验。

这个实验说明，小鹅们有一个认亲的关键期，这个关键期就是它们出生后的几个小时。在这期间，它们会把第一个出现在眼前的运动着的物体当成自己的妈妈。而一旦错过了这个时期，同样的运动着的物体就根本不可能与它们形成这种亲情关系了。

通过进一步的实验，生物学家还发现，与小鹅们相同的情况在其他多种动物身上都得到了证实。比如小鸡、小羊、小狗等，都有这种行为习惯上的关键期。

那么，小孩子是不是也有这种关键期呢？答案是肯定的。

法国著名教育学家卢梭明确指出："人生当中最危险的一段时期是从出生到13岁，在此期间还不采取摧毁种种错误和恶习的手段的话，它们就会发芽滋长，到后来想采取手段去纠正的时候，它们已经扎下了深根，很难拔掉了。"

有关专家通过调查研究也得出了同样的结论：0～13岁是一个人一生中大脑发育最迅速、记忆力最佳、最富有可塑性的年龄段，也是奠定人的智能和性格的重要阶段。这个时期的孩子，模仿能力、吸收能力像海绵一样强大。因此，孩子从出生到13岁这一时期，对家长来说是必须要密切关注和把握的教育黄金期。

孩子有什么样的未来，取决于家长的教育和引导。如果家长能够在孩子13岁之前为其提供正确的教育，孩子的个性以及行为习惯就会进入一种良性循环；如果错过了这个"最有效的教育期"，等到孩子长大，有了自己的主见、自己的思想、自己的行为方式时，家长再来教育已经晚了，即使付出10倍的努力，也极有可能是无效或收效甚微的。

有了以上认识之后，家长们下一步最想问的一定是"我们该做些什么呢"。其实，低年级教育的重点浓缩起来就是四个字——培养习惯，或者说是养成教育。我国著名教育家叶圣陶先生也说："什么是教育？简单一句话，就是培养习惯。"

　　"家庭是习惯的学校，父母是习惯的老师，家庭教育最重要的任务就是让孩子养成良好的行为习惯。"我国著名青少年教育专家孙云晓明确提出，"训子千遍，不如培养一个好习惯。"

　　成功教育，从习惯养成开始。"播下一种行动，收获一种习惯；播下一种习惯，收获一种性格；播下一种性格，收获一种命运。"让我们牢记美国著名教育学家、心理学家威廉·詹姆斯的这句经典名言，一起为养成孩子的好习惯而努力吧！

目　录　CONTENTS

1

培养高效的学习习惯

培养良好的生活习惯

下篇 怎样纠正坏习惯

【上篇】
习惯决定孩子命运

习惯是所有伟人的奴仆，也是所有失败者的帮凶。伟人之所以伟大，得益于习惯的鼎力相助，失败者之所以失败，习惯同样责不可卸。

揭开习惯的面纱

习惯是一种重复性的、通常为无意识的日常行为规律。习惯的力量是巨大的，一个人的日常活动，90%都是在不断重复原来的动作，再在潜意识中转化为程序化的惯性。这些行为都是不用思考的自动运作。

习惯是什么

知道现代铁路两条铁轨之间的标准距离是怎样形成的吗？

这要从古罗马时期说起了……

在古罗马时期，牵引一辆战车的两匹马屁股之间的宽度是四英尺又八点五英寸（约等于1435毫米），因此，古罗马人把四英尺又八点五英寸作为了一辆战车的轮距宽度。而在当时，古罗马统治整个欧洲，甚至英国的长途老路都是古罗马人为他们的军队所铺设的，因此，英国马路辙迹的宽度自然也成了四英尺又八点五英寸。任何其他轮距宽度的马车在这种路上行驶的话，轮子的寿命都不会长久。

又因为最先造电车的人以前是造马车的，所以电车的标准也沿用了马车的轮距标准。而早期的铁路是由造电车的人所设计的，因此，四英尺又八点五英寸成为了现代铁路两条铁轨之间的标准距离。

更为奇妙的是，人们的这个习惯还影响到了美国航天飞机燃料箱两旁的两个火箭助推器之间的宽度。这是因为这些助推器造好之后要用火车运送，路上又要通过一些隧道，而这些隧道的宽度只比火车轨道宽一点，因此两个火箭助推器之间的宽度是由铁轨的宽度所决定的。

所以，最后的结论是：两千多年前的两匹马屁股之间的宽度决定了美国航天飞机两个火箭助推器之间的宽度。

这种现象就被称为"路径依赖"。"路径依赖"类似于生活中的"惯性"，日常生活中普遍存在着这种自我强化的机制。它使人们一旦选择走上某一路径，就会在以后的发展中进行不断的自我强化。

我们所说的习惯同样也是这个道理。习惯就像是走路，人们如果选择了一条道路，就会沿着这条道路一直走下去。惯性的力量会使你不自觉地强化自己的选择，不会让你轻易走出自己选择的道路。

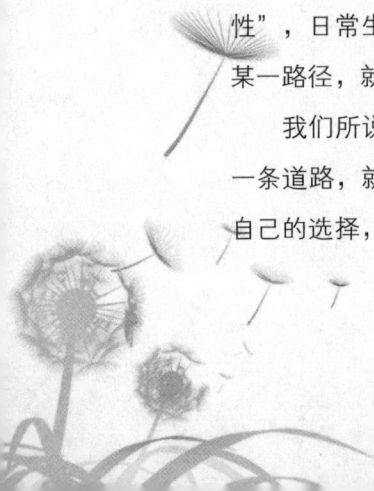

《美国传统词典》是这样定义"习惯"的：

——一种重复性的、通常为无意识的日常行为规律，它往往通过对某种行为的不断重复而获得；

——思维和性格的某种倾向；

——一种习惯性的态度和行为。

习惯的力量是巨大的，一个人的日常活动，90%都是在不断重复原来的动作，再在潜意识中转化为程序化的惯性。这些行为都是不用思考的自动运作。这种自动运作的力量，即为习惯的力量。

习惯是我们的终身伴侣，它既可能成为我们最好的帮手，推着我们前进，也可能成为我们最大的负担，拖累着我们直至最终失败。

习惯是所有伟人的奴仆，也是所有失败者的帮凶。伟人之所以伟大，得益于习惯的鼎力相助，失败者之所以失败，习惯同样责不可卸。

驾驭人生，驾驭习惯，让我们先来做习惯的主人。让好习惯带我们走向成功，千万不要让坏习惯带我们走向深渊！

培养好习惯，收获好人生

如果你希望出类拔萃，也希望生活方式与众不同，那么，你必须明白一点——你的习惯决定着你的未来。

——杰克·坎菲尔德（全球畅销书《心灵鸡汤》的作者）

习惯确实具有如此巨大的威力吗？是的，习惯可以主宰人的一生。

习惯之所以可以主宰人的一生，是因为习惯可以成就一个人的性格。关于习惯成就性格这一观点，得到了古今中外很多名人的认可。

我国古代伟大的教育家孔子曾说："少成若天性，习贯（惯）如自然。"说的就是小时候养成的习惯会和他的天性一样自然，这个时期养成的习惯决定了一个人的性格。

牧师华理克在他的作品《目标驱动生活》中有这样的论述：性格其实就是习惯的总和，就是你习惯性的表现。

古希腊哲学家亚里士多德也早在公元前350年便宣称："正是一些长期的好习惯加上临时的行动才构成了美德。"

常言道：三岁定八十。哪怕是一个年龄很小的孩子，我们也可以从他身上看到未来推销员、医生、律师或是政府高官的影子；哪怕只是一句话，我们也能够从中分辨出细微的主观思维模式，以及特定的行为方式。而这些都在表明，就像是衣袖上会出现褶子一样，人们总有一天逃不过某种命运。我们的性格就像塑料，一旦被塑造成形就很难发生改变。

习惯成就性格，而性格决定命运。很多成绩斐然的成功人士之所以敢宣称，即使他们现在一败涂地，也能很快东山再起，就是因为他们养成的某种习惯锻造了他们的性格，而性格又铸就了他们的成功。

在大家眼里，爱迪生确实堪称天才，他是人类历史上最伟大的发明家，一生共创造了1000多项发明，包括白炽灯、留声机、自动收报机等。这些成就让我们普通人望尘莫及，然而他本人却把这些归功于勤于思考的习惯。

他说："就像锻炼肌肉一样，我们同样可以锻炼和开发我们的大脑……恰当地锻炼、恰当地使用大脑，将使我们的思维能力得到加强和提高。而思维能力的锻炼，又将进一步拓展大脑的容量，并使我们获得新的能力。"爱迪生进一步解释道："缺乏思考习惯的人，其实错过了生活中最大的快乐。不仅如此，他也会因此而无法最大化地发挥和展现自己的才能。"爱迪生明白，正是勤于思考的好习惯，让他把自身更多的潜能开发了出来。

除了勤于思考的习惯之外，每个成功的人背后都还有一个或者多个助他成功的好习惯。事实上，我们可以看到，一个人拥有的好习惯越多，他成功的可能性就越大。

让我们来看看诺贝尔奖的获得者们讲述的他们成功的秘诀。

采访中，当记者问到他们在哪所大学、哪个实验室学到了人生中最宝

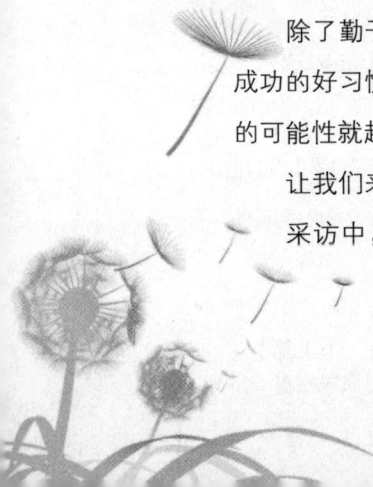

贵的东西时，一位白发苍苍的学者出人意料地回答说是在幼儿园。在幼儿园学到了什么呢？学者回答："把自己的东西分一半给小伙伴；不是自己的东西不要拿；东西要放整齐；吃饭前要洗手；做错了事情要及时道歉；午饭后要休息；要注意观察周围的大自然。从根本上说，我学到的全部东西就是这些。"这位学者的答话，说出了与会科学家们的一致心声。

另有一位科学家说："在实验室，没有'我'，只有'我们'。一切伟大成果都属于'我们'，而不是某一个'我'。"这种群体意识不正是得益于从小养成的"把自己的东西分一半给小伙伴"的习惯吗？

爱迪生在实验室里工作时井然有序，连助手不慎把一个烧杯转了个儿，他都严肃地指出，并说："最小的一点错误也会导致最大的损失。"这话不正是来源于幼儿园里的那句"东西要放整齐"的教导吗？

由此可见，从小养成的良好习惯对人的一生有多么深刻的影响。这种影响将伴随孩子们的一生，无论学习，还是生活、做人，或者处世。它以一种无比顽强的姿态干预着你生活中的细枝末节，从而主宰你的一生。对于孩子来说，要成就学业、事业，拥有美好人生，就必须从小养成好的习惯。

悲剧，从陋习开始

有一个知名的理论叫木桶定律，也许，它可以从某一个角度向我们解释不良习惯对于人的发展究竟有何意义。木桶定律认为，一只木桶盛水多少，取决于最短的木板，而不取决于最长的木板。对于人的发展同样如此，人的失败往往由于自己的某种坏习惯。

某地一家企业招工，报酬丰厚。应聘者皆是一些高学历的年轻人，最后5位佼佼者经过重重关卡，顺利到达最后一关——总经理面试。年轻人在办公室等待总经理的面试，这时秘书进来说："总经理临时有点儿急事，让你们等他10分钟。"秘书走后，几个年轻人立刻围住总经理的办公桌，东翻翻，西看看。10分钟后，总经理进来宣布："面试结束，很遗憾，你们都没有被录取。"

年轻人倍感迷惑："面试还没开始呢！"总经理说："刚才我不在时你们的表现，就是面试。本公司不能录取随便翻阅领导人文件的人。"年轻人全傻了。从小到大，没有人告诉他们这一常识，更谈不上养成习惯。而这一不经意的行为直接导致他们与一份好工作失之交臂。

还有一位在美国留学的学生，教授让他一个人在实验室做实验。他一看实验室有电话，以为可以白打谁也不会知道，一个小时内打了40分钟的电话给家人、给朋友。后来他被开除了。

类似这样的坏习惯在很多孩子身上都不同程度地存在着，而关键的一点是，他们自己并没有意识到，这些坏习惯在时刻阻碍着他们走向成功。他们对自己犯下的错误茫然不知，而此时恶果已酿成了。他们的这种坏习惯已经根深蒂固，并且自身从未发觉到它的恶劣性，以至于在对自身命运意义重大的事件上也不自觉地表现了出来，从而丧失了好机会。

坏习惯是一种藏不住的缺点，这种通过潜意识表现出来的自动化行为，自己看不见，而别人却能看得见，即使发生的这种行为并不一定是他自己希望的行为，但是一旦成了习惯，便身不由己，经常在不经意间铸成恶果。

有一篇颇具震撼力的调研报告，标题是《悲剧从少年开始》，是对115名死刑犯犯罪原因的追溯调查。

调查表明：这115名死刑犯从善到恶绝不是偶然的，他们身上无一例外地存在着诸多坏习惯，这正是他们走上绝路的潜在因素，是罪恶之根。这些人违法犯罪均起于少年时期，其中30.5％的死刑犯曾是少年犯，61.5％的死刑犯在少年时有前科，基本都有劣迹。他们从小就有不良习惯，而只要这种潜在因素得不到改变，他们迟早都有走上犯罪道路的危险。

调查分析得知，他们身上的这些坏习惯主要表现在以下几个方面：不爱学习、不懂礼貌、不守法，贪吃好玩、好奢侈、爱享受、自私自利、任性妄为，重"哥们儿义气"、自作聪明、我行我素、显摆逞能、亡命称霸，伦理

错位、黑白不分、是非颠倒、荣辱观不清。

一切都是从童年开始。不同的童年造成了杰出青年与死刑犯青年之分，更造成了先进青年与平庸青年之分。而这"不同"的基本点之一就是行为习惯的不同。

好习惯可以让我们插上翅膀，飞往天堂；坏习惯可以让我们挂上锁链，走向地狱。遗憾的是，当我们被锁链束缚时，却从来不知道钥匙其实就在自己手中。

习惯是怎样形成的

人的习惯是怎么形成的呢？我们可以从心理学的角度入手，来分析一下习惯形成的原因和过程。

◎**首先，习惯是注意的结果**

注意依赖于本能、习惯和价值这三方面要素的相互作用。本能使得人们会不自觉地注意那些与自己生存紧密相关的事物；在生活中，人们逐渐获得了习惯，并开始学会忽略一些事而注意另一些事；价值则指导人们在另一方面按照未来的期望去塑造注意的模式。

本能、习惯、价值在任何特定的时间都会介入到形成注意模式中。在指导注意力分配的过程中，比如，是应该按照本能与习惯所提出的那样去打网球呢，还是应该按照价值所要求的那样去复习功课，意识必须在两种相对抗的原则之间进行调节、选择。这就为我们有意识地养成良好的行为习惯提供了条件。

◎**其次，习惯是个人与环境、行为相互影响的结果**

对行为受什么因素影响和决定这个问题，在心理学界历来有不同的看法。在众多的行为因果观中，比较为公众认可的一种看法是：个人、环境、行为三者相互影响、相互决定，构成了一种三角互动关系。根据这一观点，要培养良好的习惯不能等待"习以为常"，也不可以"习焉不察"，更不能"习非成是"，而应该主动地以社会的正确价值取向引导主体有意识地加以训练，以形成良好的行为习惯。

◎**再次，行为习惯是自我调节的结果**

对此结论，柏拉图曾指出：如果行为仅仅由外部报酬或惩罚所决定，那么人就会像风向标一样，不断地改变方向，以适应作用于他们的各种短暂的影响……事实上，除了在某种强迫性压力下，当面临各种冲突时，人们都具有自我指导的能力，使得人们可通过自我调节为自己的思想感情和行为施加某种影响。

人是一种可以自我调节的动物，人们的行为不仅要受外部因素的影响，也可以自己调节。因此，良好的行为习惯形成的过程就是一个人将外在的要求内化为自身需要的过程。

◎**最后，习惯是动力定型**

任何习惯都是在条件反射的基础上形成的。人们通常把习惯形成的过程分成三个层次。最低的层次处于不自觉阶段，在外力的督促教育下，不断强化形成的条件反射就成了最低层次的习惯；第二个层次开始成为一种自觉行为，靠内部的自我监督，它是经过多次重复以后形成的，一旦这种行为习惯被破坏，就得进行内部调整了，但是要有意志努力；第三个层次就是自动化，这时达到了类似本能的程度，不需要监督，也不需要意志努力，而是成为了一种行为习惯。

比如说孩子一旦形成了良好的学习习惯，如：积极的学习态度——以学习为乐趣，自觉地看书、认真地听讲，学习中耳、眼、手、口并用；自我学习的习惯——课前预习、课后及时复习，等等，那么家长和老师就不需要每天监督孩子学习，他们自己也不会把学习看成一种负担了。

简单地说，习惯是通过对行为不断强化而形成的。习惯的养成大致有两种途径：一种是依靠外部力量的正向诱导或督促而形成习惯，另一种是基于主观意志努力而养成习惯。这两类习惯的形成都要经历行为强化的过程。

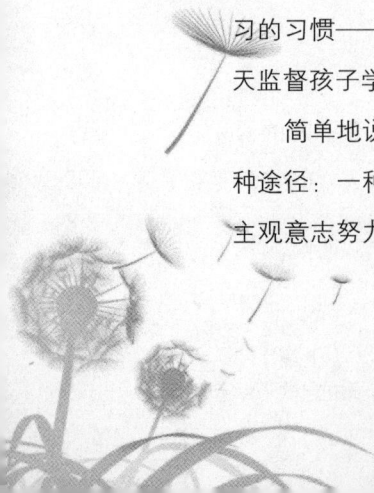

比方说，一个孩子可以经由两种途径养成早起锻炼的习惯。

第一种途径是通过外部强化，即父母在孩子偶然早起锻炼时，及时加以赞扬和奖励，以后每当孩子早起锻炼的时候父母都这样做，经过多次强化以后，孩子的这种行为便能转化为习惯了。不过，我们还必须认识到：在进行外部强化时，我们所施加的奖励或鼓励不仅仅要符合孩子的物质和精神需要，更要考虑孩子自身发展的需要。

第二种途径是通过内部强化，即孩子自己认识到早起锻炼可以很好地强健身体，对学习、生活都有好处，从而开始有意识地加强这种行为，并鼓励自己坚持下去，时间长了，就形成了习惯。这一过程是依靠孩子的意志力来维持的。"某种做法对自己很有好处"这种自我认同的内心体验实际上是与物质、精神需要和发展需要联系在一起的，其本身就是一种行为强化。

可见，习惯是人类行为经过不断重复制造出来，并根据自然法则养成的。每个好习惯或者坏习惯都不是天生的，每个人都可以依据自己的价值取向有意识地培养某种好习惯，或纠正某个坏习惯，习惯是可以培养的。

每个学生只能有两双袜子

孩子在自身习惯养成的过程中，受到了诸多外界因素的影响。影响习惯养成的主要是家庭、学校、同伴群体、大众传播媒介这四种环境或因素。

家庭是孩子成长的第一环境，是孩子习惯形成的摇篮。6岁前的儿童与家庭的关系最为密切，因此，家庭对孩子的影响也更多、更大。父母在培养孩子形成良好习惯方面具有极其重要的作用。

布莱克夫妇有三个可爱的孩子，他们乖巧伶俐，学习很是自觉，布莱克夫妇因此深得邻居羡慕。

其实，孩子们良好的学习习惯是在布莱克夫妇的用心教育下逐渐养成的。布莱克夫妇很注重培养孩子的良好习惯。在大儿子还很小的时候，布莱克夫妇就经常和儿子围坐在一张桌子前，教孩子画画和识字，逐渐养成了一起愉快游戏并学习的习惯。

在他们有了第二个孩子以后，一起学习的好习惯仍然保持着，哥哥读书时，弟弟就在旁边学画画，爸爸妈妈一有空就围在桌边跟他们一起学习。

之后，又一个小妹妹出生了，妹妹渐渐长大，也跟着哥哥们开始自觉地学习。当妹妹开始在桌上学画画时，大哥哥就到另一张桌子上去独自学习。

看到哥哥每天独自一人学习，弟弟妹妹便有样学样。没过多久，弟弟也自己找了一张专用的桌子，每天主动地学习。之后，最小的妹妹也在两个哥哥的榜样作用下，找了一张自己的桌子，开始独自学习起来。

可见，良好的家庭环境可以让儿童良好的生活、学习习惯通过日积月累在不知不觉中形成。培养习惯应该从一点一滴的生活小事中做起。父母一定要成为孩子的好榜样，让孩子的好习惯在潜移默化中培养起来。

当儿童上学后，学校就成为了儿童生活中的重要角色，开始对儿童的习惯养成产生巨大的影响，而且这种影响往往会有一种"润物细无声"的效果。

某地一所小学对学生提出了一个很特殊的要求：凡是此学校的学生，每个人上学期间只能有两双袜子，每天回家要洗袜子，第二天要穿一双干净的袜子上学。学校认为，学生穿着一双干净的袜子上学，不仅脚很舒服，还有一种新的开始的愉悦，向往整洁清新的一天。而且，洗袜子能养成学生爱劳动的习惯，做到自己的事情自己做。

有一次，该小学组织学生去游乐场游玩，在跳蹦蹦床的时候，其他学校的学生一脱鞋，臭气熏天，特别是男孩子脚更臭。可是，这所小学的学生脱了鞋，却闻不到一点儿异味。这让管理人员大为感动，因而特别欢迎这所学校的学生。这说明学校使学生养成了爱劳动、爱整洁的良好习惯。

学校对学生良好卫生习惯的养成主要是通过以下两个方面产生影响的：一方面，通过规范化的校园生活与运行机制对学生进行有目的、有计划、有组织的影响。另一方面，老师本身的品格、价值观及信念会影响学生行为习惯的养成。年幼的学生大都信任和崇拜自己的老师，他们把老师看得比自己的父母还要神圣，因此，他们会有意或无意地模仿老师的言行。另外，同学间的信息交流，也会对学生的习惯养成产生潜移默化的影响。

除了家庭和学校之外，孩子的成长还会受到同伴群体的影响。同伴群体（也称同辈群体）是同龄人或同辈人由于共同的兴趣、需要等自发形成的群体，同伴群体对孩子的价值观、态度、志向和行为习惯等都有直接而重要的影响。

不同于家庭和学校，同伴群体对孩子的影响几乎都是在自然状态下进行的，事先没有计划和目的，孩子常常是在不知不觉中形成了某种习惯。"近朱者赤，近墨者黑"说的就是这个道理。

古希腊曾经流传着这样一个美妙的神话故事：

18岁的少年海格立斯，正走在人生的十字路口上。这时，他碰见了两位女神，一个叫"恶德"，一个叫"美德"。"恶德女神"千方百计地诱惑他去追求能使自己享乐一生却有害于他人的生活，"美德女神"则劝导他走为人类除害造福的道路。最后，海格立斯听从了"美德女神"的呼唤，拒绝了"恶德女神"邪恶的诱惑，选择了一条始终为同胞做好事的人生之路。后来，海格立斯成为了一个被希腊人广为传诵的大英雄。

好的朋友犹如前进路上的一盏明灯，能够促使孩子养成良好的行为习惯，指引他们更快地奔向正确的目标。西班牙作家塞万提斯在他的著作中说："以好人为友者，自己也能成为好人。"可见，好的朋友能够帮助孩子进步，这是大家都认可的事实。

当然，同伴群体对孩子的影响和家庭、学校对孩子的影响是交织在一起的。孩子在同伴群体中养成的习惯可能会强化或补偿他们在家庭或学校中养成的习惯，也可能与他们在家庭或学校中养成的习惯相冲突。

父母是环境的一部分，好朋友也是环境的一部分。父母要培养孩子的好习惯，就要多给孩子一些向同伴学习的机会，有意识地帮孩子选择他们的"同伴群体"，培养他们正确的价值取向。

除此之外，在现代社会中，大众传播媒介对儿童的影响也日益重要，特别是电视和网络，已经成为了少年儿童最重要的信息来源之一。它们以强大的力量改变着人们的生活方式，在决定儿童心目中的英雄和恶棍、善良与邪恶方面起着举足轻重的影响。儿童在自觉和不自觉中接受着其中的思想观念、模仿着其中的行为方式，在有意或无意中形成了一些良好的或不良的行为习惯。

比如说所有孩子都爱看动画片，经常一看起来就不吃饭、不睡觉，看得特别来劲，越是年龄低的孩子越是爱看。很多大人会为此着急，觉得那没什么好看的，而且耽误学习。但事实上，好的动画片对孩子的发展是很有好处的，是不可多得的好媒介。

现在，网络已经进入了大部分孩子的生活，网络上丰富、新奇的内容深深地吸引着孩子们，让他们痴迷。网络上不乏很多对孩子身心发展有益的事物，可以锻炼孩子的认知、探索能力，但同时也充斥着很多不适宜孩子的内容，如一些色情的、暴力的内容，这些反面的内容也会给孩子的发展造成不良的影响，让孩子滋生某些坏习惯。因此，家长应该指导孩子有选择地接触媒介。

在社会资讯、大众媒体日渐发达的今天，从小就培养孩子有一个良好的接触媒介的习惯，对于普天之下的父母们来说，是一件很重要的事。

不会走路的小伙子

我们都知道爱因斯坦是一位伟大的物理学家，其实他在教育方面同样有着深刻的论断。他曾饶有趣味地说过这样一句话："如果人们已经忘记了他们在学校里所学的一切，那么所留下的就是教育。"那么什么是"所留下的"呢？只要我们稍加思考就不难发现，只有习惯是永远忘不掉的，因为习惯一旦养成就会成为一种潜意识的、自动化的行为，而只有忘不掉的才是真正的教育。因此，我们完全可以说：教育就是培养习惯。

培根认为，培养良好习惯应该是教育的内在要求。他说："毫无疑问，幼年时期开始的习惯是最完善的，我们称之为教育。教育其实是一种早期的习惯。"

我国教育家叶圣陶先生曾直截了当地说："教育无非是培养良好的习惯——良好的道德习惯、良好的学习习惯和良好的卫生习惯。"

日本教育就非常注重培养孩子的习惯。比如，日本孩子在吃饭的时候，通常不会像中国孩子那样坐着等爸爸妈妈把桌子、椅子摆好，端上饭菜，即使是四五岁的小孩也知道要搬椅子，帮爸爸妈妈递递碗筷什么的。

在日本的幼儿园餐厅，你可以看到6岁的小孩子在打饭，因为每个班的饭都要到一个大的餐厅去领，他们拿着饭盒，迈着歪歪斜斜的步子，到一个大的餐厅去领饭。稍大点儿的孩子会主动给大家盛饭，半勺倒进碗里，另半勺却倒在了地上。但是没有大人去管他，也没有大人嫌他碍手碍脚，这就给孩子从小培养独立的习惯创造了很好的环境。

我国的教育对儿童习惯的培养则相对欠缺。从最平常的一个表情——微笑说起，你会发现，欧美人的微笑很多，而中国人则不然，脸上总是木然的。其实，微笑是一种文明的习惯，要学会文明地待人接物，首先就要学会微笑待人。微笑是一种从小培养的习惯，一个脸上总是挂着微笑的人更容易给人好感。

随着我国社会经济日渐开放，我们与外国人的交流越来越密切，而这些根深蒂固的坏习惯却在阻碍着我们走向世界的脚步。留心观察，你会发现，我们很多同胞在一些日常的细小行为习惯上都不加注意。

有一个小伙子长得高大英俊，中专毕业后进入了当地的一家高档宾馆当服务员。

有一天，他从总经理门前走过，被总经理叫住了："小伙子，过来。"他一看总经理叫他，心里顿时觉得挺激动。要知道在五星级宾馆，一个总经理是很少跟一个服务员交谈的。

总经理问："小伙子，你会走路吗？"

"会啊，我这不就是在走路吗？"小伙子满脸疑惑地回答道。

总经理说："那你走几步给我看看。"

小伙子两个肩膀一高一低，晃来晃去地在总经理面前走了一个来回。总经理说："走路就要有走路的样子，你这样两个肩膀一高一低，晃来晃去，是不是不太好看？你站着，看我来给你走一遍。"

总经理是个快60岁的人了，但是身板硬朗，精神矍铄。只见他挺胸抬头，目视前方，稳稳当当地走了一个来回，然后他告诉小伙子说："这叫走路。给你一个星期的时间回家练习走路。练好了，你就来上班，练不好，就不用再来了。"

看到这里，不知各位家长有没有一种幡然醒悟的感觉，在对子女的教育上，你们有刻意地去培养过孩子这些细微的小习惯吗？

这样的故事还可以讲出很多。仔细想想，存在于孩子身上的那些根深蒂固的习惯，无论是好习惯还是坏习惯，几乎都跟教育有关，但是我们却越来越忽略这些问题。因为我们太重视孩子的功课怎么样、分数怎么样、名次怎么样。事实上，一个人的习惯是什么样可能更重要。

孩子在学校里受教育，其目的就是培养习惯、增强能力。等他们离开了学校，仍然要从多方面受教育，并且要自我教育，其目的还是培养习惯、增强能力。好习惯成了自然的行为，能力也就随之增强了。作为家长，在对孩子的家庭教育中，更是应该把习惯培养放在第一位。

培养好习惯的十大法则

习惯的培养有其固有的特点，只有掌握习惯形成的规律，才能帮助孩子培养好习惯、纠正坏习惯。

抓住关键期

> 我们天生能历久不忘孩提时期的印象，如同新器皿一经染上气味，其味经久不变。纯白的羊毛一经染上颜色，其色久不能改。越是令人讨厌的习惯，越是牢不可破……正是从这样的实践中养成了习惯，以后就变成了天性。
>
> ——昆体良（古罗马教育家）

昆体良的这句话告诉我们：孩提时期养成的习惯最为牢固，那些习惯所带来的影响可以持续一生。

在我国，也有一句人尽皆知的俗语是"3岁看大，7岁看老"，这说明一个人的心理状态和性格，三五岁的时候就已经定型了。

日本古代驯养名莺的方法就很好地说明了这个道理。据说，野生幼莺在很小的时候，驯莺人就把它从巢穴里捉来进行周密训练。他们通常会在这些野生幼莺的身旁放一只叫声悦耳的名莺。这样做的目的就是让野生幼莺每天都能听到名莺的叫声，以使野莺也能叫出名莺那样甜美的声音。

其实，不管是幼儿还是幼莺，如果在幼年时期就对他们施以良好的教育，培养良好的习惯，他们就会深深记住这些内容，一辈子都不会忘记。

为什么古今中外的教育理论都强调习惯要从小养成呢？这是因为儿童时期是习惯养成的关键时期。孩子小的时候，就像一炉铁水，可以浇铸成各式各样的形状。等孩子长大后，这炉铁水冷却了，再改变就困难了。

孩子年龄小的时候，具有很强的可塑性，比较听话、好训练，培养各种良好习惯最容易见效，因此，教育中极为重要的一个环节，就是抓住习惯养成的关键期，对孩子进行各种良好习惯的培养。这个时期如果培养得好，以后只要顺其自然，他就可以成为社会的优良分子；假若这个时期没有教育

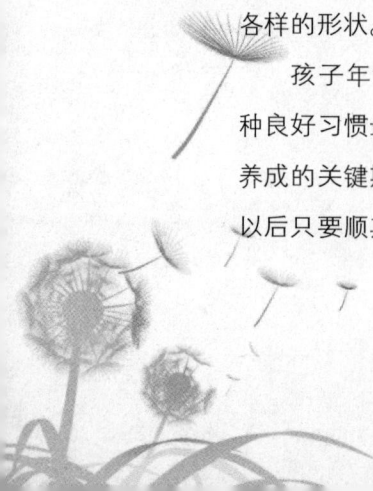

好，那么，以后再进行矫正就困难了。

研究表明，幼儿期（3～6岁）、童年期（7～12岁）、少年期（13～17岁）都是一个人行为习惯养成的重要时期，特别是幼儿期和童年期更为关键。

现代心理学的研究已经探明了人的某些具体素质和能力发展的关键期。比如，3～5岁是儿童语言发展的关键期，也是音乐才能发展的关键期；3～7岁是儿童动作思维发展的关键期；而12～15岁是儿童逻辑思维发展的关键期，等等。因此，在习惯的培养中，我们应该适应儿童身心发展中的这些规律和特点，在儿童素质和能力发展的关键期，通过教育和训练使其养成相应的良好习惯，为孩子的终身发展奠定基础。

另一方面，在青少年时期，由于人的身心发展还未定型，具有较强的可塑性，这一时期也是矫治不良习惯的最佳时期，甚至可以说是关键期。因此，培养良好习惯的关键期也是矫正不良习惯的最佳时期。

良好的行为习惯要从小培养，少年儿童成长中的每一天都是习惯培养的好时机。正如我国著名儿童教育家陈鹤琴所指出的那样："教育一个人要从小就注意起的，讲话怎样讲，批评怎样批评，做人的态度，对人的礼貌，以及一切的一切都要从小养成。外国有句话说：'开始做得好，一半做到了。'中国的先哲也有'慎始'的教训，一种习惯之养成，莫不由'渐'而来。"

做个成功的人是很难的，所以一定要从小就加以训练，养成种种优良的习惯和态度。如果一个人在儿童时代就已经受到了良好的教育，那么到青年的时候，自然可以减少许多问题。慎始则善终，这是必然的结果。

制定具体的目标

有这样一个故事：一位幼儿园的王老师为了培养孩子们的好习惯，从开学第一天就告诉小朋友们要懂礼貌，见到老师、同学要使用文明礼貌用语，见面要问"您好"，踩了别人的脚要说"对不起"，用过别人的东西要说"谢谢"，分别的时候要说"再见"等。为了激励学生们养成好习惯，王老师还使用了定期奖励的办法，谁使用了文明用语就给谁贴一朵小红花，集齐10朵小红花就可以到老师那里换一件小礼物。

有一天，王老师正在上厕所，一个女同学看见老师，马上对老师说"老师好"，弄得王老师很尴尬。这还不说，女同学回教室以后，对同学们说她刚刚在厕所里看见王老师了，还跟王老师问了好。一些女同学认为这是个获得小红花的机会，纷纷跑到厕所去向王老师问好。一时间，王老师不知道该怎样回答。

这位老师要培养学生讲文明懂礼貌的好习惯的心情是迫切的，但是在对学生做要求和指导的时候，讲解不够具体。她没有讲清楚在不同情形下该怎样使用这些礼貌语言，只告诉学生讲了礼貌语言会获得小红花，小红花可以换小礼物，结果搞出了如此难堪的场面。

因此，父母在培养孩子好习惯的时候，一定要根据孩子的年龄特点，提出非常具体的要求。这样，孩子就有了目标，也知道不同的场合、时间该做什么了。尤其是年龄小的孩子，父母更要形象、直观、具体地提出孩子应该做的事情，要让您的要求看得见、摸得着。相反，如果父母对孩子没有具体要求和具体操作的步骤，父母提出的要求仅仅是条款、是概念，孩子就会不知道具体该如何去做。

例如，父母要培养孩子爱劳动的好习惯，就应该告诉孩子每天把自己屋子的地板扫干净，每天自己叠好被子，整理好自己的书桌，而不要只是抱怨孩子太懒，不知道帮爸爸妈妈做家务。要给孩子规定明确的任务，孩子才可以按照父母的规定去做。

再比如，父母要求孩子养成良好的用眼习惯，就要给孩子一些具体的规定：不要躺在床上看书，每天定时做眼保健操，看电视要距离电视两米远，每次上网、看电视的时间不能超过一个小时等等。提出这些要求之后，父母还要认真监督，发现孩子有放松的时候要及时提醒。这样日积月累，好习惯就慢慢养成了。

有一个小女孩刚开始上小学，还不能很好地适应学校生活，存在着贪玩、自觉性差、晚上不能按时睡觉等缺点，时间利用得也不好，她总觉得时间不够用……为此，她妈妈根据她做不好的几件事情，设计了一个周考核表。表上共有5项内容，都是每天要做的事情，执行时间是周一到周五。包括：早晨起床情况、完成家庭作业情况、练琴情况、运动情况、晚上上床睡觉情况。

每一项都有具体的规定，早晨起床这一项，对她的要求是：按时起床，不能晚，也不能太早；起床后穿衣服动作要快，洗漱及吃早饭动作要快。按照每天表现情况打分，每个项目满分为5分，一周满分为125分。一周得100分以上，给一种奖励；112分以上，给两种奖励。奖励内容包括出去玩、讲故事等等。

3周过去后，小女孩的坏习惯都得到了明显的改善。

这位妈妈对孩子的要求很具体，她用考核表的形式来对孩子进行习惯培养，结果收到了良好的效果。

在一所小学，有一个班的班主任为孩子们开展了"纠正坏习惯、做个好儿童"的活动。老师告诉孩子们：

◎**习惯养成的第一步是要有适合自己的"奋斗"目标，而且不要太远、太大**

下面是几位同学结合个人特点制定的个人目标：

赵奇：我要改掉上课随便说话的毛病。

李阳：我的纪律性有点儿差，所以我定的小目标是：本月被老师点名最多不超过5次。

陈晨：我上课举手发言不积极，所以我给自己定的目标是每节课至少发言一次。

瞧，这些小朋友的小目标多具体呀！这就是让自己尽快养成好习惯的诀窍。在制定目标的同时，他们也找到了自己身上存在的不足之处，以后就可以有针对性地去改掉它们了！

◎习惯养成的第二步是要有切实可行的"绝妙"方法，从头到尾都要做到具体细致

让我们看看这些小朋友是如何根据这个规则让好行为成为好习惯的。

李轩：我要养成按时值日的好习惯。我早晨起床比较晚，有时来不及值日。我改正的方法是：前一天晚上调好闹钟，第二天比平时提前20分钟起床，做到准时到校。

王楠：我现在还不够文明，我的目标是不再骂人。我改正的方法是：努力控制住自己，不说脏话，就是在生气的时候也要做到有话好好说。

孙雅：我的不足是经常忘带作业，我要养成做事有条理的好习惯。我的方法是：每天写完作业马上把作业本放回书包，晚上再检查一遍。

高琴：我的目标是养成"上课铃响，在座位上坐好"的好习惯，现在我有时还做不到。我改正的方法是：课间休息时不去很远的地方，在没打铃之前先回到座位附近活动。

孩子们给自己制定的目标如此具体，一段时间后，绝大多数同学都变得比以前更爱学习，也更守纪律了。可见，只有制定明确的目标，孩子在培养习惯时才会有章可循，好习惯也才能一步步培养起来。

对好行为不断进行强化

著名教育家曼恩说："习惯仿佛一根缆绳，我们每天给它缠上一股新绳索，要不了多久，它就会变得牢不可破。"这个比喻非常形象、有智慧。把习惯比喻为一根缆绳，每次行为的重复，就相当于又为它缠上了一股绳索。很显然，每天缠，不断缠，缆绳会越来越粗，终有一天，它会粗到牢不可破。

为了养成好习惯，每做一次，就对自己说："缠上一股，又缠上一股！"从这个意义上讲，好行为如果开了头，每做一次，就加深了一遍印象，以后就会变成牢不可破的习惯了。

　　在好习惯的培养与坏习惯的纠正上，我们需要遵循强化／消失定律。对好习惯的强化就像每天为缆绳缠上一股新的绳索，而对坏习惯则采用相反的方式，这样一来，要鼓励孩子保持好习惯，纠正不良习惯，就容易多了。比如，父母如果在处理孩子的事情上奖惩分明，关注孩子正确的行为，使之强化；批评孩子的坏习惯，使之消失，孩子好习惯的培养一定会变得更为容易。

　　掌握强化／消失定律的关键就是要奖惩分明。如果孩子做错了事情，而且事先有声明他要对自己的行为负责任，那么父母绝对不可以姑息迁就。如果父母无法在孩子面前树立威信，孩子也就无法养成好的习惯。同时，如果孩子的行为值得表扬，父母绝对不要吝啬，也许只需要你说句话而已，但对孩子来说，那将是他们继续前进的动力。

　　对好行为、好习惯进行奖赏，进行强化，对错误的行为、坏习惯进行惩罚，让它消失，这是强化／消失定律的核心。因此只有赏罚分明，强化／消失定律才能真正发挥作用。

　　威特夫人有一个聪明可爱的女儿，从女儿很小的时候，威特夫人就开始积极使用强化／消失定律来教育孩子，如威特夫人借助美丽、公正的"仙女"来奖励或惩罚女儿。如果女儿做了好事或者表现不错，第二天起床时，在她枕头旁边就会有"仙女"放上的好吃的点心。如果她做了坏事或者有了坏的习惯，第二天早上起来就不会得到任何东西。

　　比如说，如果女儿晚上睡觉时把衣服叠好，"仙女"就常常将这些衣服换成新的；如果女儿把玩具随便乱扔，"仙女"就会把玩具藏起来，使她几天之内都不能用这个玩具做游戏。

　　有一次，女儿把一个漂亮的布娃娃扔在草坪上就回屋吃饭了，后来，当她回来找布娃娃的时候，发现它已经被狗咬破了。因此，她哭着把破损的布娃娃拿到妈妈面前。威特夫人抱起布娃娃，轻轻地抚摸着它的"伤痕"，同情地说道："唉，它真是太可怜了！"但是，她绝不说给女儿重买一个新的。

等女儿停止哭泣，威特夫人才对女儿说："你把这么漂亮的布娃娃扔在草坪上是不对的，如果我把你放到野外，被老虎和狮子吃掉的话，我会多么悲痛啊！"

随着女儿渐渐长大，威特夫人谨记自己的言行要保持一致，并且奖惩分明，力求为女儿做一个好的榜样，培养女儿良好的生活习惯。

一次，女儿要到一个同学家玩，妈妈答应了，并规定她必须在十二点半之前回来，因为那天母女俩约好了要一起去看电影。可是，女儿迟了10分钟才到家。

威特夫人并没有说什么，只是让女儿看了一下手表。女儿知道自己不对，低着头向妈妈道歉："我错了。"吃完饭，女儿就赶紧换衣服。这时妈妈让女儿再看看表，说："今天看不成电影了，因为时间来不及了。"女儿哭了，闹着让妈妈带她去，但威特夫人并没有纵容她，只是说了一句"这真遗憾"。

让女儿尝到不守信用的后果，用惩罚的方式纠正女儿不守时的毛病，效果显而易见，女儿健全的人格也在这种赏罚分明的环境中不断得到培养。

"没有惩罚就没有教育"，必要的惩罚是控制孩子错误行为的有效手段。而表扬、鼓励和信任，往往能激发一个人的自尊心和上进心。奖励或惩罚是对孩子行为的外部强化或弱化手段，它通过影响孩子的自身评价，对孩子的心理产生了重大影响。

在奖励时，要抓住时机，掌握分寸，不断强化；在惩罚时，要用语得体、适度，就事论事，使孩子明白为什么受罚和该怎样改过。这样才能让孩子在习惯的培养与纠正上充满信心与乐趣，让习惯的培养变得自然而简单。

给予理解与尊重

在习惯养成过程中要充分尊重孩子的权利，让他们发挥主体作用，自己决定养成哪些好习惯、改正哪些坏习惯。当然，成年人的引导与帮助是必要的，但只有唤醒孩子心中沉睡的巨人，教育才能成功。

蒙台梭利是20世纪西方卓越的儿童启蒙大师之一。一次，她给孩子们上了一节有关怎样擤鼻涕的课。

蒙台梭利给孩子们示范了使用手帕的不同方法，还指导他们如何能尽量做得不引人注意。她以一种他们几乎觉察不出的方式拿出手帕，并尽可能轻地擤着鼻涕。孩子们聚精会神地注视着，没有一个人发出笑声。示范刚结束，孩子们就像在剧场中那样热烈地鼓起掌来。

孩子们的反应之所以如此强烈，是因为蒙台梭利的这节课触及了孩子们那极其有限的社交生活中的敏感点。

儿童在擤鼻涕方面存在很大困难。每当他们表现得不是那么合适的时候，他们就会遭到父母的责备，但没有一个人真正地教他们如何擤鼻涕。当蒙台梭利这样做时，他们感觉这抵偿了过去的羞辱，而他们的掌声表明，他们不仅在这里受到了公正的对待，而且这项技能的掌握也使他们在社会中取得了一个新的地位。

可见，儿童有一种强烈的个人尊严感。而成人通常意识不到他们是怎样受到伤害和遭到压抑的，更意识不到自己在轻蔑孩子。

在日常生活中，父母不尊重孩子、蔑视孩子的事例数不胜数，虽然父母做这些事情的时候并没有意识到。比如，当你看到你的孩子端了一杯水，你就会害怕孩子可能会把这只杯子摔碎，这实际上就是蔑视孩子的一种表现。一只杯子难道比孩子的尝试和探索具有更大的价值吗？你是给孩子探索的机会呢，还是只心疼你的杯子？

研究显示：与9个月至3岁的幼儿多交谈，会使这些孩子日后变得更聪明。在父母与子女之间关系平等、彼此尊重，且保持沟通交流的家庭里，孩子的智商会比别的孩子明显高出许多。

科学家发现，在所有家庭中，家长在防止孩子们发生危险及麻烦方面付出的努力，是相似或相近的。但在与孩子耐心地交谈、细致地回答孩子的提问及互相尊重方面，知识分子家庭与普通职工家庭就有所不同。

作为家长，我们必须给予孩子足够的尊重。鲁迅说得好："对于孩子，小时候不把他当人，长大以后也成不了人。"

习惯的培养也是一样，要取得好的效果，父母必须尊重孩子的主体地位，给孩子足够的尊重和信任。

◎**首先，父母要相信孩子，相信他们有接受教育的能力**

有的父母认为孩子还小，不能理解父母的要求，或者目前培养习惯还早；也有的父母对孩子管得既宽又细，在为了孩子好的名义下，要么过度保护孩子，要么过于死板地要求孩子，这样的想法和做法，从根本上说，都忽略了孩子的接受能力。

这样做，一方面可能使孩子受到过分的限制，使孩子的能力得不到适当的发展。另一方面，孩子也会在过度的限制中，厌恶习惯，逃避习惯的培养。同时，父母的过度限制或保护，还在悄悄地向孩子传递一个信息：你不行，你不能。在这样的心态支配下，孩子要培养良好的习惯，难度就会更高一些。

当然，相信孩子们有接受能力的同时，也要正视孩子们的接受能力。如果"拔苗助长"，则同样违背了孩子的生长规律。童年时期是孩子生长和发展的重要时期，为了成人自己的目的，而不管孩子的能力和需要，是一种扼杀的行为。尊重孩子，就是尊重生长的需要和时机。我们可悲的一种错误，就是急于要得到生长的结果，而忽视了生长的过程。

◎**其次，父母要深入了解孩子，根据孩子的天性来培养习惯**

父母帮助孩子培养良好的习惯，要根据孩子的个性进行。教育孩子的前提是了解孩子，了解孩子的前提是尊重孩子，如果不能对孩子有足够的了解，习惯的培养就很容易走弯路、走错路。

明明孩子的性格是内向的，父母却非要把孩子培养成一个外向的人，这是比较难的，也是违背孩子的天性的。如果孩子是个慢性子，父母却要改掉孩子"爱磨蹭"的不良习惯，恐怕就会让孩子痛苦，也会让父母难受。因此，父母在帮助孩子养成各种好习惯的时候，要考虑孩子的性格、兴趣、爱好，不要轻易把自己的愿望强加在孩子身上。

◎最后，父母要采用适合孩子的方法去培养孩子

孩子的个性不同、年龄不同、生活环境不同，智能组合等都可能会有所不同，因此，对孩子进行习惯培养的时候，父母要采用不同的方法。有的孩子爱运动，父母可以在运动中培养孩子的行为习惯；有的孩子喜欢画画，父母可以考虑让孩子在画画的时候培养孩子专注、爱思考的好习惯；有的孩子喜欢唱歌，父母可以让孩子在唱英文歌曲时学到英语知识或者与他人交往的能力等。只有这样，父母才能在习惯培养中得到孩子的认可，也才能有好的效果。

儿子已经上小学了。有一天，老师找到儿子的妈妈，说她儿子最近总是迟到。妈妈没有责怪儿子，只是温柔地问他迟到的原因。儿子说他发现在河边看日出太美了，看着看着就忘了时间。第二天，妈妈一早就跟儿子去河边看了日出。她说："真是太美了，儿子，你真棒！"这一天，儿子没有迟到。晚上，妈妈在儿子的书桌上放了一只好看的小手表，下面压着一张纸条：因为日出太美了，所以我们更要珍惜时间和学习的机会，你说是吗？爱你的妈妈。

这位妈妈的做法是值得广大家长借鉴的，她知道，要让孩子改正坏习惯，须用巧妙的方法，粗暴的训斥是难以取得好的效果的。

但是更多的父母为了培养孩子的好习惯，很少顾及孩子的真实想法，只要自己认为某个习惯应该培养，就安排孩子去做。这种不考虑孩子的兴趣、能力、个体差异的做法，往往把孩子变成了习惯的奴隶。在父母的安排下，孩子要做这个，做那个，要这样或那样，但孩子很少知道为什么，或者虽然知道为什么，但却不是孩子能够接受的理由。

父母要建立这样的意识：孩子虽然年幼无知，毫无经验，体小力弱，需要自己的保护，并且家长对孩子的一切负有责任，但这都并不表示父母有权指挥孩子。尊重孩子，也是尊重你做父母的权利。父母要适时给孩子一些成长的空间，给他保留一定的自主权，这样他才不会有强烈的失败感。

由浅入深，循序渐进

有一段时间，慈善机构的募捐活动总是响应者甚少，当心理学家查尔迪尼在替慈善机构募捐时，他附加了一句话：哪怕一分钱也好。结果募捐到了比平时多一倍的钱物，这就是著名的"门槛效应"。

"门槛效应"也可以称为"层递效应"。它的基本内容就是：向别人提要求，要想获得别人的响应，就要由低要求开始，然后再逐渐提出更高的要求。

当你向人们提出一个很小的要求时，人们通常很难拒绝，因为他们怕被别人认为是他们不通人情。当人们一旦接受了他人的一个小要求，就仿佛跨进了一道心理上的门槛，如果你在此基础上再提出一个更高一点儿的要求，那么，这个人为了认识上的统一，或为了给人留下前后一致的印象，他就倾向于接受这个更高的要求。

习惯的培养也是如此，父母可以先让孩子承诺完成一件比较容易的任务，待到任务完成后，接着再提出更大的要求。在家庭教育中，父母如果运用得当，这个效应同样有助于达到预期的引导目的，最终使孩子养成良好的习惯。

我们经常说做事情要按步骤进行，在培养孩子习惯的时候，父母也应根据孩子的年龄特点和心理接受能力，由浅入深、由近及远、循序渐进地进行，这样才能取得好的教育效果。

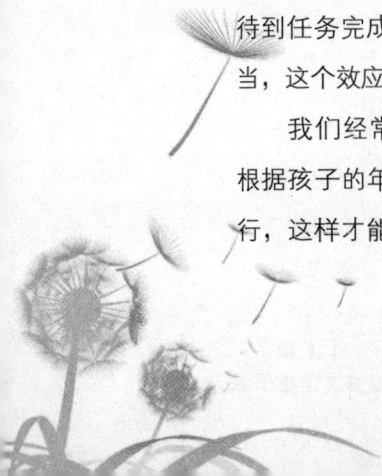

有的父母认识到了培养孩子的习惯的确很重要，因此就特别心急，总希望能一下子把孩子培养成为一个具有所有好习惯的人。在这种心态的支配下，父母们往往很焦虑，一会儿让孩子做这个，一会儿让孩子做那个，甚至不顾孩子的年龄特点，给孩子提出过高的要求。这样做只会让孩子好不容易才萌发的能力慢慢丧失，非但不能培养良好的习惯，还有可能引起孩子的反感，使孩子抵触父母的要求。

有位妈妈讲述了自己的育子经历。

有了孩子以后，我就一心希望把孩子培养成一个杰出的人。我知道，对于小孩子来说，习惯养成特别重要。人们都说习惯培养好了，孩子长大一些就省事儿了，就不会那么累了。

于是，几乎从孩子一出生开始，我就着手培养孩子养成各种好习惯。别人家的孩子都是大人给喂奶，我却尽量让他自己拿着奶瓶喝奶；别人家的孩子由大人扶着学走路，我却一开始就让他自己走路，孩子为此摔了很多跤。我也很心疼，但是我都忍着。因为我知道，在孩子学走路的时候，不摔跤是不可能的。当他上小学以后，我教他的第一件事是学习查字典。别人都说我教得太早了，孩子的拼音还没学好呢。可我当时想，什么事情都不能落后，边查边练不是挺好吗？

这样做了一段时间以后，我发现孩子的性格有了变化。但这种变化并不是我当初希望的那样——孩子具有了独立性，而是孩子变得很爱哭，一让他写作业，他就闹情绪，有时候还跟我起急，跟我较劲，要么摔了铅笔，要么弄破本子……

没办法，我只好带孩子去咨询专家。专家们认为，孩子是因为承受了太大的压力才会这样的，他们说都是我没有考虑孩子的年龄特点和心理特点，给他过多要求，让他感到自己无法达到这些目标才会变成现在这样的。

的确是这样，很多父母都在"为了孩子好"的心态下，给孩子提出过多、过高的要求。如此不考虑孩子的年龄、心理发展以及个性特点的做法，很容易导致"拔苗助长"的后果。

习惯培养要讲究科学性，要按照科学的规律去培养孩子的习惯。这种科学规律包括的范围是非常广泛的。比如说，父母要考虑孩子的年龄特点，依据孩子的身心发展规律培养孩子的好习惯。这些习惯不是截然分开的，而是在不同的年龄阶段要有不同的要求。

例如，我们要培养一个人"做事有始有终"的习惯，对幼儿园的孩子来讲，我们应该要求他们在玩的时候自己把玩具拿出来，玩完以后自己收好；对小学生，就要要求他们看书、做作业的时候认真仔细，写完以后自己检查，然后自己收拾好书本才能去玩；对于中学生来说，就应该要求他们做事有责任心。从收玩具到收拾书本，再到责任心，有了这样一个比较细致的要求和层次之后，习惯培养起来就比较容易进行，孩子也比较容易接受。

父母在遵循循序渐进的规律培养孩子的习惯时，除了考虑孩子的年龄特点和性格特征外，还可以根据北京教育学院关鸿羽教授的建议，遵循下面几条原则：

◎运用"循环说"理论

行为习惯的形成需要长时间的循环反复，是螺旋上升的。低年级训练过的，到了中高年级还要经常重复训练，否则很难巩固。因此，如果孩子小的时候已经培养过某些习惯，父母依然不要放弃，可以选择不同的时间进行循环，每过一段时间就有意识地强化一下。

◎运用"阶段说"理论

习惯形成各有不同的关键期，低中高年级有各自的训练重点，可以抓住各种习惯形成的关键期来进行教育。父母要分析孩子在不同阶段的特点，选择适合孩子本年龄阶段的习惯进行培养，不能心急。

◎运用"中心扩散说"理论

行为习惯是一个纷繁复杂的体系，要把所有的行为习惯都在短时间内培养好是不可能的。因此，父母在培养孩子的习惯时，要抓主要的习惯进行培养。重点习惯培养好了，就可以带动孩子形成其他好习惯。

拥有宽容和耐心

北风和南风打赌，看谁的力量更强大。它们决定比试谁能把行人的大衣脱掉。

北风先来。它鼓起劲儿，呼呼地吹着，直吹得寒风凛凛、寒冷刺骨。可是越吹，为了抵御北风的侵袭，行人越把大衣裹得紧紧的。

接下来是南风。南风徐徐吹动，轻柔温暖，顿时风和日丽，行人觉得春暖上身，渐觉有点儿热，于是开始解开钮扣，继而脱掉大衣。南风获得了最终的胜利。

人们把这种以启发自我反省、满足自我需要而达到目的的做法称为"南风效应"。南风之所以能达到目的，就是因为它顺应了人的内在需要，使人的行为变为自觉。

"南风效应"给我们的启示是：在处理人与人之间的关系时，宽容比惩戒更有效。北风和南风都要使行人脱掉大衣，但由于方法不一样，结果却大相径庭。

教育孩子也是如此。如果你想让孩子认同你的观点，就要站在孩子的角度去考虑他们遇到的问题，体谅孩子并给他们改正错误的机会。

每个孩子都有一颗向上、向善的心，父母要尊重、关心、激励自己的孩子；每个孩子都可能犯错误，父母要容忍孩子的缺点，客观、理智、科学地处理孩子在日常生活中出现的各种问题。

在处理父母与孩子的关系时，如果父母一味地要求或者命令孩子，效果反而会不好；如果父母站在孩子的角度考虑问题，体谅孩子，就能很容易达到好的教育效果。

布兰妮是个漂亮、聪明的女孩子，学习成绩也不错，但有一个缺点就是不够诚实，常常撒谎。妈妈一直想帮女儿纠正这个坏习惯。

有一天，布兰妮妈妈接到一个电话，对方称是凯瑟琳妈妈，她指责布兰妮妈妈没有好好儿管教自己的女儿。一头雾水的布兰妮妈妈直到凯瑟琳妈妈平静下来才了解到致使她如此怒不可遏的原因。

原来，周末出去度假的凯瑟琳一家回来后发现，家里到处撒满了打碎的鸡蛋，屋子被弄得臭气熏天，而这正是布兰妮带人做的。因为布兰妮的男朋友威尔逊和她分手后，开始和凯瑟琳约会，于是，心有怨恨的布兰妮带了几个朋友来报复凯瑟琳。

布兰妮妈妈很清楚自己女儿一贯的泼辣作风，她相信这是女儿的所作所为，但她很冷静地说："让我先同她谈一谈，再给你回话，我为你的不幸感到抱歉。"

等到布兰妮回到家，妈妈问她："凯瑟琳妈妈打电话来了，说你把鸡蛋扔进了她家的屋子里，你能不能告诉我，到底发生了什么事？"

"没有，妈妈。"布兰妮嘴上十分肯定地说。

"那好吧，我打电话给凯瑟琳妈妈。"布兰妮妈妈说。她拨通了凯瑟琳家的电话："你好，我是布兰妮妈妈。我想你是误会了我女儿，她不会做这样的事情，我希望你停止向别人传播不利于她的消息。而且，我希望你能向我和我的女儿道歉，因为你错怪了她……"

一旁的布兰妮很是感激妈妈这样为自己辩护，但同时，她也因为自己向妈妈撒了谎而难过得无地自容。她觉得应该告诉妈妈真相，不让妈妈为自己背黑锅。于是，她做了一个告诉妈妈挂电话的手势。

妈妈照做了，她早就从布兰妮不自然的表情中看出了事实的真相，但她决定把这个坦白的机会留给女儿。妈妈静静地坐着等布兰妮开口。

"我和威尔逊分手了，都是因为凯瑟琳，因此我一怒之下买了几十个鸡蛋扔进了她家里。你知道我心里有多么难过……"布兰妮含着泪说完，等着妈妈大发雷霆，但出乎她意料的是，妈妈并没有发火，反而跟她讲起了自己过去的类似经历。

一翻推心置腹的谈话后，布兰妮感觉到了妈妈的爱与理解，这也给了她纠正自己错误的勇气，她勇敢地打电话给凯瑟琳妈妈，向她承认了自己的错误，并愿意做一切来补偿自己所犯的过失。

这件事情之后，布兰妮真的很少再撒谎了，因为她觉得说谎话无法面对对她如此宽容的妈妈。

在对待孩子坏习惯的问题上，很多家长缺乏宽容与耐心，一看到孩子有不好的行为，马上就开始一味地责备。这样做的后果往往是让孩子感到心灰意冷，即使有心悔过，但在父母粗暴的指责下，也变得越来越无所谓了。其实在这种情况下，我们不妨向布兰妮妈妈学习，给予孩子爱与理解、宽容与耐心，让他们自己认识到自身所犯的错误。

宽容，是比惩罚更有力量的教育方法。对人宽容，是做人的一种美德。而对孩子宽容，则不仅是美德，还是一种教育艺术。

寻找激励的突破口

陈灵是某中学一名初二学生，像她的名字一样，她长得蛮水灵的，大大的眼睛，细嫩的皮肤，最重要的是她还有一副百灵鸟般的好嗓子，真是人见人爱。但是这么可爱的女孩儿却是学校里出了名的差等生。陈灵也因此被同学们冠上一大堆外号："花瓶""稻草人"等，用来讥讽她的成绩差、脑子笨。但是陈灵似乎对此一点儿也不在乎，学习成绩一直"荣居榜首"，老师也拿她没办法。

这个学期，陈灵所在的班级新上任了一位班主任，姓杨。杨老师注意到了这个独特的学生，并决定逐步培养陈灵爱学习的好习惯。为了让陈灵的成绩提上来，杨老师想尽了各种办法，但就是不见有什么成效。

比如杨老师提出给她补课，她会找出各种理由来推托。有一次，她甚至对杨老师说："我家远，最后一趟公共汽车6点开。如果您留我补课，那您把打车的钱给我吧。"这招不行，杨老师只好再想别的办法，她知道，要培养学生好的习惯，需要先找到一个突破口，没有找到突破口就盲目着手，不仅不能收到好的效果，还会让学生产生抵触心理。后来，杨老师经过观察，发现陈灵嗓子好，又爱唱歌，于是她决定以这个为突破口来改变她。

一天，杨老师把陈灵叫来。陈灵以为又要补课，一副不耐烦的样子。但让陈灵感到意外的是，杨老师并没有给她补课的意思，只见杨老师兴致极高地问她："陈灵，你有没有想过要成为一名歌手？"

"当歌手？"陈灵一听，马上来了兴趣，刚才不耐烦的情绪一扫而光。她犹豫了一会儿说："其实我还真的有过这个念头，但是不知道自己行不行，而且我想也没有机会。"

"我想过了，觉得你嗓音好，外形条件也不错，也许这是一条适合你发展的路。如果你有兴趣的话，可以报名参加一个正规的声乐培训班，让自己的特长发挥出来。"

陈灵被说动了，她内心兴奋不已。而最让她感动的是老师竟然会与她这个不听话的差等生谈论学习以外的话题，并切身为自己考虑，支持她去发展自己的特长。

第二天，陈灵就去报名参加了一个声乐培训班。此后，她仿佛变了一个人，对生活中的一切都热心起来。学校要组织文艺汇演，她积极报名出节目，说要组织一个小合唱表演，并在杨老师的帮助下又挑选了几名同学。

之后，陈灵更成了个小忙人。每到周末，她便约同学们到学校的活动室排练节目。她已经接受了一段正规训练，加上天赋好，还挺有音乐老师的样子。训练结束，她请同学们到家中吃晚餐，与大家建立了融洽的关系。结果，节目大获成功。

这天放学，杨老师又约陈灵谈心。此时的陈灵与杨老师早已情同姐妹，她非常乐于同杨老师聊天。

杨老师说："陈灵啊，看到你在唱歌上面潜力无限，老师真为你高兴啊！"

"我也觉得生活有意思了，一切都变得那么美好。"

"可是，我也有些担心。"

陈灵紧张起来了，她知道杨老师虽然年轻但并不轻言，说什么都有比较充分的准备。

"你回去看一下，这是我从网上下载的资料，都是关于歌唱专业发展的。"

杨老师递给她一些资料，平静地说："现代社会对歌手的素质要求越来越高了，很多歌手都是大学毕业，没有学历也是很难做个好歌手的，明白吗？"

陈灵的脸上掠过一丝阴云，她沉思了一会儿，说："这就是说，我先要初中毕业，再至少读完职高或高中，才可能成为一个好歌手，是吗？"

"完全正确。"杨老师点点头，又说，"我观察你很久了，发现你挺聪明的，只要你肯学习，在这样的环境里，你一定会成功的，而这关系到你的一生。"

也许杨老师的这次谈话对症下药了，也许当小歌手的成功给了陈灵从未有过的信心，总之从那天起，陈灵开始以新的状态投入到了学习中。她上课认真听讲，课下与同学积极讨论，并且主动找各科老师补课。渐渐地，陈灵的学习成绩上来了。

陈灵本来是一个不爱学习的孩子，对此，杨老师也曾经一筹莫展，但经过观察和思考，杨老师终于找到了指导这个学生的突破口，这个突破口就是"唱歌"。当杨老师鼓励陈灵将做一名专业歌手的时候，陈灵一下子产生了兴趣。而这兴趣，就是陈灵后来不断进步的动力。通过这个突破口，陈灵渐渐开始重视学习，并爱上了学习。

从这个故事中，我们获得了很大的启发。习惯培养很重要，习惯培养可以通过一些强制措施来实施，也可以通过一些窍门让孩子变得自主自发。我想广大家长应该都愿意选择第二种。但是，在实际情况下，父母对孩子的习惯培养往往是不假思索地进行强制，最后往往让孩子变得机械。因此，习惯培养还需要深入人心，真正让孩子感到养成好习惯是自己的需要。

因此，建议父母们，在培养孩子好习惯的时候，不要着急，更不能一味地唠叨或者强制，而要想点儿聪明的办法。比如，有的父母使用激将法，有的父母使用体验法，有的父母使用比较法，等等。不管什么方法，重要的是这种方法是温和的，是能够真正引导孩子的精神和心灵的。

要找到教育孩子的合适的突破口，父母应注意下面几点：

◎ **有针对性地了解孩子**

这是寻找突破口最重要的一点。正因为孩子千差万别，各有不同，因此，父母在寻找适合孩子的方法时，需要考虑孩子的年龄、环境、心理特点、性格等。这样，才能找到适合孩子的办法，只有适合的才是最好的。

比如，有的孩子不爱洗手，不讲究卫生，父母怎么说都没有用。可是，这个孩子特别喜欢看科幻故事，这时父母就可以利用孩子的这个特点，帮孩子找一些和卫生知识有关的科幻故事，让孩子在满足需要的同时获得知识。

◎ **用孩子的特长作为突破点**

有个中学生，特别爱玩游戏，曾经因为玩游戏和父母吵过很多架。妈妈被吓得不敢回家，因为只要她一回家，儿子就逼着她给钱，不给钱，儿子就要自杀。后来，妈妈在心理医生的帮助下，开始和儿子一起玩游戏。在玩游戏的过程中，妈妈悄悄引导孩子和高手比赛。当儿子有不懂的知识时，妈妈就为儿子买来关于电脑的书籍。

久而久之，儿子的兴趣爱好发生了改变，游戏已经不是他的最爱，设计游戏程序反而成了他的爱好。不仅如此，儿子还慢慢成为了一个电脑软件高手。这位妈妈采取的办法和杨老师的办法有异曲同工之妙。因此，父母要寻找突破口，就要仔细观察一下，孩子思想中的热点是什么，兴奋点在哪里。

找到突破口以后，父母还要放下架子。引导孩子的关键，在于父母和孩子心灵上的平等。如果父母一直摆出教育孩子的架势，即使找到了突破口，也无济于事。因为在孩子看来，你还是要教训他，要把他这样或那样。因此，父母要先放下架子，不妨和孩子一起做一些他喜欢的事情。

在做的过程中，父母可以把自己的教育意图隐藏起来，让孩子在不知不觉中受教育。如果父母告诉孩子："我知道你的突破口在哪里了，今后我们要改变办法，要这样做……"那么，你的教育就如同一杯白开水，无滋无味，而孩子还会在心中生出些许敌意和警觉来。

把引导和训练结合起来

习惯培养毕竟体现为具体行为，因此，父母需要对孩子进行必要的训练和强制。在一定时期，光引导孩子是不够的，看到孩子出现某些不良行为习惯时，还是要及时进行强制纠正。父母要把这两种方法结合起来进行，必要的强制训练不能少，巧妙的引导教育也很重要。

注重孩子的第一次

习惯的养成往往是从第一次开始的，父母作为孩子的第一任老师，应重视并抓住每一个"第一次"的教育时机，这是帮助孩子养成良好习惯的开端。

一位妈妈讲了自己的经历：

女儿小小现在7岁了，从小到大不知摔了多少跤，但自从她会爬开始，我就不再主动抱她起来了，而是鼓励她："自己爬起来，你真棒！"有了第一次，不管摔得多厉害，小小都能自己爬起来，还会拍拍小手和衣服上的灰尘。她以后会遇到比摔跤更需要自己应付的事情，我希望她永远记住"我能！我会！我很棒！"

小小一天天长大，自己的事情自己做的意识日益强烈，吃饭、穿袜子、戴帽子……什么事情她都要自己试一试。尽管几乎每次我们都要"返工"，花的时间比直接代办多得多，但如果第一次不给她自己试的机会，无异于剥夺了她学习、实践的权利。常听到有些家长抱怨自己的孩子懒或笨，其实，原因全在于当初的"第一次"啊！

有一次，我带她去修鞋。鞋匠给顾客准备了一张小凳子，小小坐在凳子边儿，拍拍空出的一大半地儿，说："妈妈坐这儿！"我感动得一时说不出话来，修鞋师傅夸道："嗬，这么小就知道心疼人了，真不错！"小小一听，又得意又害羞，小脸都红了。这是小小第一次学会心疼妈妈，也是第一次听到"知道心疼人了，真不错！"这个评价，以后再要她为别人做什么，一提"心疼人"她就很乐意。

小小个子高，所以每次出去玩儿，我们都鼓励她不要大人抱，自己走。有一次，我们去动物园之前，先和小小讲好条件是自己走，可一下车，小小习惯性地说："爸爸，爸爸，我想……"小小爸爸蹲下来，故意问她："你要干什么啊？"小小涨红了脸，仿佛经过了"激烈的思想斗争"，十分不情愿地说："爸爸，牵着！"

面对孩子的稚气，小小爸爸立刻意识到她第一次表现出控制意志的能力，是个了不起的进步，及时地给予了她充分的肯定和赞美，于是小小走得更来劲儿了。

孩子刚上小学时，第一次放学回来，我就不失时机地告诉她，放学后，第一件事是写作业，作业写完后才能玩。所以小小从上学到现在，无论是星期天还是节假日，"作业写完后才能玩"已经成为了她的一种良好的行为模式。

作业写完后，将桌椅、书包整理好，睡觉前看几页课外书等习惯，已经成为了小小生活的乐章中不可缺少的音符。这一切都源于做父母的"第一次"的指导，所以，只有不轻易放弃第一次，才会有第二次、第三次……

对于第一次的坏习惯，一定要及时纠正。一天，小小的姥姥买菜回来复秤，生气地说："这个狗东西，少了2两！"在旁边玩的小小听到了，不一会儿就用上了："小猫咪是狗东西！"大家都觉得好玩，哈哈大笑，小小就把大人的笑当成了夸奖，后来"狗东西"这个词就怎么也改不了了。看，第一次的坏影响多可怕！

从这位妈妈的叙述中可以看出，几个第一次对孩子的影响是非常大的，孩子以后是否会依赖这个行为模式一直走下去，关键就在于他第一次得到的外界回应是怎么样的。因此，建议父母们，在培养孩子习惯的同时，要特别重视孩子第一次出现的行为。

比方说，孩子在第一次骂人的时候，他会特别注意看大人的反应，大人这个时候千万千万别笑，如果你笑，还夸他"真聪明，嘴巴真巧"，那么孩

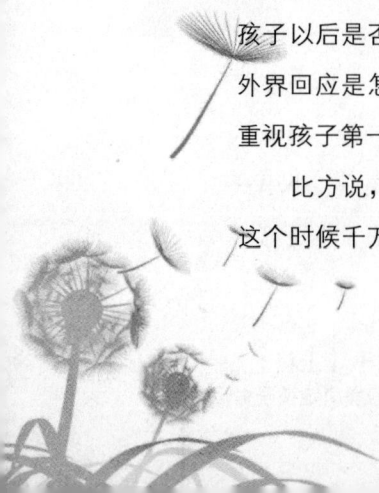

子第二次还骂，而且会骂得更厉害。小孩子并不知道他的行为的后果，他只关心大人的反应。所以对于孩子的第一次骂人行为，父母最好的反应就是不理他，冷淡他，让孩子自觉没趣，他就会明白："这不是好事情，别人都不喜欢。"以后他就不会故意去强化这种行为了。

我国著名儿童教育家陈鹤琴对此曾有过精彩论述，他认为："无论什么事，第一次做得好，第二次就容易做好；第一次做得错，第二次就容易做错。儿童种种坏的习惯，都是由于开始学的时候，他们的老师或父母没有留意去指导他们，以致后来一错再错，成为为他们的第二天性。所以，对于孩子的第一次，做父母和老师的要格外留意指导，以免错过'第一次'的教育时机。"

让孩子在体验中成长

教育不是说出来的，而是做出来的。实践出真知，实践是检验真理的唯一标准。只有亲身经历过，孩子才能从中获得切身的体会，使之真正成为自己的经验。

在体验教育上，中西方教育方法存在着很大的差异。一些中国家长对孩子过于关心，生怕出现各种意外和疾病，生怕孩子吃苦，他们愿意为孩子付出一切，认为多替孩子做一些，孩子将来就少辛苦一些。但是他们没有意识到，经历"错误的体验"后获得的记忆更为强烈，感受也更为深刻。让孩子自己去体验，是一种最见成效的教育方法。

英国哲学家洛克就非常强调儿童学习中的两个习惯：热爱求知和实地观察、亲身体验。当然，教育在于引导。在习惯的培养当中，一方面，我们要让孩子经历一些快乐的、正确的事情，让他们在快乐体验中养成好习惯。另一方面，我们还要让孩子体验到坏习惯的丑陋以及不能容忍。

8岁的刘强上学时常常忘记带午饭，每当此时，他就打电话要求妈妈到学校给自己送饭。刘强妈妈是一位会计师，工作很繁忙，刘强的坏习惯使得她经常被打断工作不说，还极其耽误时间。

为此，妈妈多次找刘强谈话，但无论是苦口婆心讲道理，还是气极了打骂，收效都微乎其微，刘强照旧记不住带饭。后来，妈妈听从了专家的建议，决定让孩子亲身体验一下不带饭的后果。于是，妈妈找到刘强，很认真地告诉他："刘强，妈妈觉得你已经长大了，有能力为自己的事情负责。妈妈工作很忙，不能总是给你送饭。如果你下次还是忘记带饭，你应该自己对此负责。"

刘强答应得很痛快，但是第二天，刘强还是忘记带午饭了，他习惯性地又给妈妈打电话："妈妈，我忘记带饭了，你给我送来好吗？要不我就得饿肚子了。"

妈妈说："我们已经说过了，刘强，你应该为自己的行为负责。妈妈很忙，没空过去给你送饭。"

刘强继续跟妈妈磨，但是这次妈妈很坚定地拒绝了刘强的要求。

刘强没办法，只好饿着肚子。整整一个下午，刘强都在忍受饥饿的折磨。

晚上回到家的刘强很是生气，妈妈决定不安慰他，让他自己好好想想，回味下因自己不带午饭而饥肠辘辘的滋味。刘强虽然不是很开心，但自此以后，妈妈发现，刘强真的很少再忘记带午饭了。

让孩子从自己的错误中直接体验到后果，父母不对此加以评论和指责，效果会更好。

每天早上如何让孩子起床，相信这是大多数父母的烦恼。大多数孩子都有赖床的毛病，父母总是一次次地催促孩子起床上学，手段无外乎只有两个，不是温柔地唤醒孩子，哄他们起床，就是直接掀开孩子的被子，逼迫他们起床。孩子满腹牢骚，他们讨厌父母打扰他们的睡眠、破坏他们的美梦，父母也很无奈，早起的好心情可能就在这吵吵闹闹中失去了。

8岁的埃米莉喜欢睡懒觉。每天，她都希望在床上多待几分钟，而这几分钟总是一拖再拖，直到误点。对此，妈妈有时会发脾气，甚至大发雷霆，

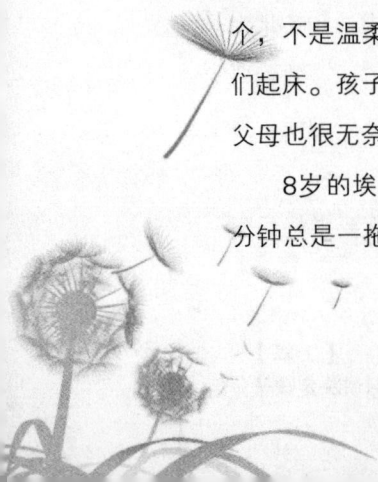

无奈的埃米莉总是慢吞吞地起来，很不高兴地吃早饭。

每天的叫喊让妈妈很不满，也感到很累。埃米莉也一样，她甚至觉得是妈妈的原因让自己迟到了，如果妈妈不再那样催促，自己肯定能很早就起床。

埃米莉生日那天，妈妈送给她一个漂亮的小闹钟作为礼物，另外在礼物盒子里还有张小纸条，纸条上写道：亲爱的埃米莉，你不喜欢早上被别人叫醒，现在你可以自己做主。爱你的妈妈。

第二天早上，当闹钟响了之后，埃米莉一下子从床上蹦了起来。妈妈对埃米莉说："亲爱的，太早了，你怎么不多睡5分钟呢？"

埃米莉一边穿衣服一边回答："不，我上学要迟到了。"

一直困扰母女两个的早上起床问题就这样得到了解决，埃米莉和妈妈的关系也变得更加融洽。

与其强迫孩子起床，不如让闹钟自动提醒孩子，一旦给孩子一个宽松的环境，每个孩子都能从生活中获得体验。

教育孩子就是这样，当孩子犯了错误之后，不应该由父母来承担子女的过失，而应该让孩子学会为自己的行为负责，这才是真正的教育之道。

这两个案例都说明了在习惯培养中体验的重要作用。为了让儿子养成对自己负责任的好习惯，妈妈让刘强亲身体验不带饭给自己带来的麻烦和尴尬，而埃米莉则在妈妈创造的宽松环境中通过为自己的行为负责改掉了睡懒觉的坏习惯。有的时候，父母总感到对孩子说了那么多话都不管用，这时不妨让孩子自己去体验一下，或许对习惯培养更有好处。

如果孩子已经具有了某些好习惯，但还需要巩固，或者父母想帮助孩子养成某个好习惯，这时就可以先让孩子尝尝具备这个好习惯的甜头儿，然后再给孩子讲道理。相反，父母想让孩子养成节俭的习惯，如果不让孩子去体验，只告诉孩子节俭很好，应该节俭等道理，孩子听多了会觉得很烦，认为父母很唠叨、很小气。尤其当他看到周围一些同学大手大脚的时候，"节俭"这一习惯就更被他扔到脑后了。他会认为别人的父母都比自己的父母好，别人的家庭经济状况都比自己家好，从而对父母的苦口婆心产生排斥心理，习惯自然也就养不好了。

教育不能有例外

在帮助孩子培养习惯的过程中，父母需要坚持的一个重要的原则就是从始至终都要保持一致，不要有例外。

通常情况下，父母很容易犯的一个错误就是在给孩子提出了某些要求以后，当孩子以哭闹来威胁自己，或者自己心情好的时候，就容易对孩子的错误行为给予例外。如此一来，孩子刚刚开始培养的好习惯就很容易丢掉。父母应该做到的是，无论在什么情况下，都不可以对孩子的错误行为网开一面，否则，言行不一致的父母就很难在孩子面前建立威信，孩子也无法养成好的习惯。

杰克6岁了，由于平时爱吃糖，已经长了好几颗蛀牙，于是爸爸妈妈就刻意把家里的奶糖藏了起来，杰克找不到奶糖也没办法。一段时间之后，杰克已经对奶糖不像以前那么依赖了。

有一次，杰克父母约了朋友见面，双方都说好不带小孩好好玩一次。可是临出门前，杰克吵着非要跟去，无论如何就是不肯跟保姆留在家里，为此，杰克哭哭啼啼，甚至在地上打滚，弄脏自己最喜欢的衣服。

杰克爸爸想到儿子最喜欢吃奶糖，虽然为了防止他长蛀牙，已经很久没让他吃了，但这次为了让儿子早点停止吵闹，杰克爸爸特意给杰克找出了一包奶糖，并许诺回来的时候给他买礼物。

事实上，杰克爸爸的这一做法是完全错误的，它不仅打破了杰克好不容易建立起来的不贪吃奶糖的好习惯，而且无意中鼓励了杰克以哭闹来达到目的。如果下一次杰克想吃奶糖的话，他一定会想到用哭闹可以达到目的。

很多家长会教育孩子不要乱买东西，不要吃零食，但是如果孩子因为不小心摔了一跤而大哭时，妈妈可能会说："别哭了，宝贝，妈妈给你买好吃

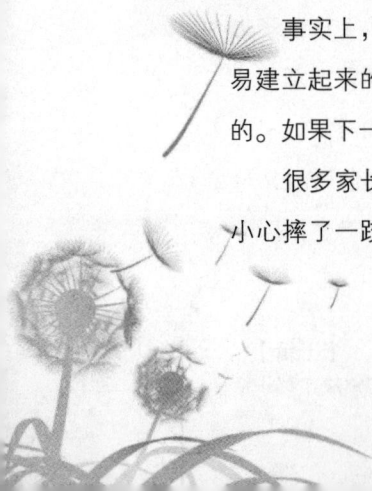

的！""别乱泼水，要是你听话，我给你买巧克力。"也许当时很有效，孩子马上不哭不闹了。但事实上，父母的这种"例外"削弱了之前对孩子的严格要求，也给了孩子一种错觉，以为在"规则"中是可以有"例外"的。这无疑又增加了培养习惯的难度。

比如我们要孩子养成专心做作业的好习惯。我们第一天规定他坐在书桌前，半个小时把作业做好，不许走开，不许有小动作。第一天，他坚持下来了。第二天仍然监督他这样做。第三天、第四天他都坚持下来了。但是第五天晚上做作业时，家里突然来了客人，而且是妈妈久违的老朋友。于是，父母离开孩子的身边，赶紧出去招呼客人，并在客厅里谈笑风生。说到高兴处，还把孩子叫了出去，情不自禁地夸奖半天。也许妈妈在高兴时忘记了培养孩子专心学习的好习惯的原则，但是她这种行为无疑为孩子在习惯培养的过程中制造了一个例外。也许孩子就会觉得，学习时也没有必要绝对专心。

退一步说，即使孩子已经养成了某些习惯，父母也要特别注意，不要轻易允诺孩子做改变习惯的事情。一旦有了例外，已经养成的好习惯也有可能丢掉，而不良习惯反而容易迅速形成。

因此，父母们应该谨记：不但在习惯未养成之前不应有例外，就是在习惯已养成之后，也不应发生与习惯相冲突的事情。在培养孩子的习惯时，父母对孩子的前后要求要一致，不要因为自己的心情很好或者很糟，就对孩子有了例外。

【中篇】
成就一生好习惯

好习惯将使孩子一生受益，无论学习还是生活，做人或者处世。它以一种无比顽强的姿态干预着孩子在生活中的细枝末节，主宰着他的人生。对于孩子来说，要成就学业、事业，要拥有美好人生，必须养成好的习惯。

培养做人方面的好习惯

　　做事先做人，而做人先培养习惯。只有在孩子还是儿童的时候就培养孩子的好习惯，孩子将来才能成为一个真正的全面发展的人。

孝敬父母——小黄香的故事

亲情是一个人的善心、爱心和良心的综合表现。孝敬父母、尊敬长辈是做人的本分，是天经地义的美德，是各种品德形成的前提，因而备受人们的称赞。试想，如果一个人连孝敬父母都做不到，谁还会相信他是个"人"呢？又有谁愿意和他打交道呢？

《新三字经》里有一句："能温席，小黄香，爱父母，意深长。"文中提到的小黄香是汉代湖北一位因孝敬长辈而名垂千古的好榜样。小黄香9岁时，不幸丧母，小小年纪的他就懂得孝敬父亲。每当夏天炎热时，他就把父亲睡的枕席扇凉，赶走蚊子，放好帐子，让父亲睡得舒服；在寒冷的冬天，床席冰冷如铁，他就先睡在父亲的床席上，用自己的体温把被窝暖热，再请父亲睡到温暖的床上。小黄香不仅以孝闻名，而且刻苦勤奋，博学多才，拥有"天下无双，江夏黄香"的美誉。

对于现在的一些独生子女，我们常可以看到这样的镜头：吃过饭后孩子扭头看电视或出去玩耍了，父母却在那里忙着收拾碗筷；家里有好吃的东西，父母总是先让孩子品尝，孩子却很少请父母先吃；孩子一旦生病，父母忙前忙后，百般关照，而父母身体不适，孩子却很少问候。凡此种种，值得忧虑。

晓萌11岁，爸爸妈妈对她异常疼爱，晓萌也很喜欢爸爸妈妈，但就是不知道心疼父母。父母每天结束了一天的工作，拖着疲惫的身子回到家里，连一口热水都喝不上，晓萌还要爸爸陪她玩，并一直喊着要吃饭。

对此，父母不禁感到难过，他们想，也许是自己平时对女儿的溺爱让晓萌没有孝敬父母的意识。于是他们决定从生活小事做起，培养晓萌的这种意识。有一次，晓萌来了兴趣要尝试自己洗衣服，于是妈妈痛快地答应了。第一次洗衣服，晓萌洗得相当吃力，额头上都渗出了细细的汗珠，而且洗完衣

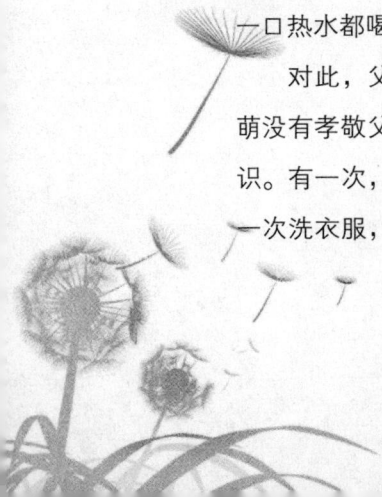

服，小胳膊都酸痛了。

晓萌好奇地问起妈妈："妈妈，你平时帮我和爸爸洗衣服也这么累吗？"妈妈说："虽然我力气要比你大些，不过每次洗那么多的脏衣服，也是很累的。"晓萌听完后若有所思地说："妈妈，我现在长大了，以后我的衣服我自己来洗吧。"

妈妈听了女儿的话，心里不知有多高兴，并及时夸奖晓萌说："晓萌懂事了，知道心疼妈妈了。"听了妈妈的夸奖，晓萌更高兴了。此后，晓萌变得懂事多了，除了坚持洗自己的衣服以外，还主动帮父母做些家务活，真正懂得心疼父母了。

晓萌为什么变了？因为她体验到了别人的疾苦，这激起了她的爱心或同情心，从而设身处地地开始为别人着想。

有无孝敬父母的好习惯，不单单是子女和父母的情感关系，更是一个能否关心他人的大问题。在家里能养成孝敬父母的好习惯，到社会中才有可能做到关心同事，也才有可能做到对祖国忠诚。因此我们千万不能忽视培养孩子孝敬父母的好习惯。

那么家长怎样培养孩子养成孝敬父母的好习惯呢？

◎要建立合理的长幼有别的家庭关系

所谓"合理"，是指全体家庭成员之间首先是民主平等的，父母要尊重孩子的独立人格。同时，家庭又是一个整体，不能各自为政，总要有人当家长，来"领导"家庭，管理指导家庭全体成员的生活。父母是家庭生活的供养者，而且他们有丰富的生活经验，自然应当成为家庭的核心和主事人。孩子应当在父母的指导帮助下生活、学习。

现在，不少的家庭中，孩子是"小太阳"，家长变成围着孩子转的月亮、侍从，这就为孩子形成以"我"为中心的小霸王性格提供了土壤，更谈不上培养孩子孝敬父母的好习惯了。因此，我们要让孩子明白自己与父母的关系，知道父母是长者，是家庭生活的主事人，而不能颠倒主次，任孩子在家里胡闹。

◎**要让孩子了解父母为他和家庭所付出的辛苦**

现在不少孩子不知道父母的工作情况，不知道父母的钱是怎样得来的，只知道向父母要钱买这买那，认为父母给孩子吃好、穿好、用好是天经地义的。这样的孩子必然不可能从心底里孝敬父母。

为此，父母应当有意识地经常把自己在外工作和收入的情况告诉孩子，从而让孩子明白父母的钱得来不易。与之相应的，孩子自然也会逐渐珍惜自己的生活，从心底里产生对父母的感激和敬重之情。

◎**从小事入手训练，培养孩子孝敬父母的行为习惯**

教育子女孝敬父母的一般要求是：听从父母教导，关心父母健康，分担父母忧愁，参与家务劳动，不给父母添乱。要把这些要求变为孩子的实际行动，就应当从日常小事抓起。

如关心父母健康方面：要求孩子每天要问候下班回家的父母亲；当父母劳累时，孩子应主动帮助或请父母休息一下；当父母外出时，孩子应提醒父母是否遗忘东西或注意天气变化；当父母有病时，孩子应主动照顾，多说宽慰话，替他们接待客人等。孩子应承担部分家务劳动，哪怕是吃饭时摆摆筷子。

根据孩子的年龄、能力和学习情况，合理分配，具体指导，耐心训练，热情鼓励。这样不但有利于孩子养成做家务的习惯，也有利于孩子不断增强孝敬父母的观念——父母养育了我，我应为他们多做事。

◎**要以身作则，父母本人要做孝敬长辈的楷模**

孩子对待父母的态度，直接受父母对待长辈的态度的影响。家长们不仅要管好自己的小家庭，还要时刻不忘照顾自己年迈的父母。

如果说平时因居住地较远，工作较忙不能和老人朝夕相处，那么在休假日要尽量抽时间带上孩子去看望老人，帮老人做些家务，同老人共聚同乐，尽一份子女应尽的责任和义务。日久天长，孩子耳濡目染，潜移默化地也会逐步养成尊敬长辈、孝敬父母的好习惯。

关爱他人——一把椅子和一份订单

很多孩子在家长的百般宠爱下，觉得自己生下来就是"小皇帝""小公主"，高别人一等，别人都应该关心自己，却不知道向身边的人表达自己的关爱。

作为父母，应该让孩子知道，每一个人都是平等的，要获得别人的关心帮助，首先要学会关爱他人。有这样一句话："投我以桃，报之以李。"一个懂得关爱他人的人，才能得到更多人的关爱，才能获得更多的机会，也才能取得更大的成功。

马斯洛说："爱自己的邻人并不是一种超越人的现象，而是人所固有和自然散发出的某种东西。"在互帮互助中，在爱的奉献中，生命才能充满无限的力量。谁在爱，谁就在活着。

一个男孩外出旅游时，在半路上不慎将照相机摔坏了。当他在一处优美的风景前因为自己不能留影而深深遗憾时，有个陌生女孩拿着相机走了过来。

男孩说："你能帮我拍个照吗？我的照相机坏了。"女孩二话不说便为男孩拍了照，男孩过意不去，要给女孩钱，女孩却说什么也不要。

后来，男孩在骑自行车回家的路上又遇到了那个女孩，女孩站在路边，木然地看着她的自行车。男孩停下自行车后，发现女孩的自行车链条松掉了，于是他毫不犹豫地替她将自行车修好了，最后女孩风趣地说："想不到我给你方便，也等于帮了自己。"

在一个充满爱意的温馨世界里关爱他人能促进人类生命的发展和延续。

在一个下着雨的午后，一位老妇人走进费城一家百货公司，大多数的柜台人员都不理她，只有一位年轻人走向她问能否为她做些什么。当她回答说只是在等雨停时，年轻人并没有转身离去，而是给她搬来了一张椅子。

雨停之后，这位老妇人向这位年轻人说了声谢谢，并向他要了一张名片。几个月之后，这家店主收到一封信，信中要求派这位年轻人前往苏格兰签署一份装潢一整座城堡的订单！这封信就是那位避雨的老妇人写的，而她正是美国钢铁大王卡内基的母亲。

当这位年轻人打包准备去苏格兰时，他已升格为这家百货公司的合伙人了。这位年轻人之所以能得到这样的幸运，就在于他比别人付出了更多的关心和礼貌。而且年轻人的这种行为已经成为了一种道德上形成的"本能"行为，也就是已经成为了一种习惯。它体现了做人所需要的重要的品格——关心他人的精神，仁爱高尚的品德。这种精神和品德不是一朝一夕可以形成的，它必须从小抓起，从小培养。

家长帮助孩子养成关心别人的好习惯时，可以从以下几个方面做起：

◎让两个或更多孩子一起努力达到共同的目标

比如让两个孩子把他们各自的积木放在一起，搭个大大的模型。

◎让孩子与同学分享他的东西

当别的同学需要什么文具时，鼓励孩子不带个人企图地把自己的文具借给同学用。

◎给孩子创造表达爱心的机会

当小朋友不高兴时，让孩子试着去安慰对方；或者通过让孩子照顾宠物或者种植植物，让他充分表达自己的爱心。孩子从这样的行为中可以学会最基本的责任心，从而成为善解人意的好孩子。

◎家长要以身作则，起到表率作用

要求孩子有良好的行为方式之前，家长自己要树立起好的榜样，要知道，家长所做的每一件事孩子都是会模仿的。

勇于承担责任——懊恼的威尔逊

在教育孩子的时候，一定要让孩子明白：每个人都应该为自己的行为负责，都要承担自己的行为带来的结果，无论是好还是坏。这是父母在教育孩子时一定要着力培养的良好习惯。尤其是在集体活动中，孩子更要尽职尽责，有条理地做好自己的本职工作，否则就会给自己和大家带来麻烦。

学校组织学生去国家公园野餐，老师将需要带的东西分派了下去，班上的每个同学负责回家准备一项。同学们有的负责去超市买食品，有的负责准备烤肉的炉子，有的负责所有的餐具……威尔逊分到的任务是负责准备烤肉要用的调料。

期盼这次野餐已经很久了，因此，消息一得到确认，威尔逊就开心地蹦了起来，直到放学回家，他都开心地楼上楼下地欢呼着，惹得爸爸妈妈一阵怜爱。妈妈提议威尔逊列一个单子，把需要带的东西先想好了，然后交给妈妈检查，这样不但可以防止遗漏，还可以防止没有经验的威尔逊漏拿了东西。

但是威尔逊说要先出去跟小朋友宣布这个消息，回来后再列清单。他说："放心吧，爸爸妈妈。我会带好的，别担心。"

妈妈虽然不是很相信他，但一想，这是一个很好的锻炼机会，就没有再要求他必须现在列出清单来。

小威尔逊在外面玩了整整一天，临到晚上该睡觉的时候他才匆忙跑到厨房里收拾应该带的东西。

第二天，当全班人准备就绪，开始野餐时，威尔逊却怎么也找不到烤肉汁，他惭愧地低下了头。这次教训让他意识到自己的疏忽，使这次活动大为逊色，影响了自己，也麻烦了别人。

父母作为孩子直接的榜样，也应该以身作则，自己的过错造成的后果决不推卸到孩子身上，成为承担自己的行为所带来的后果的表率。

7岁的埃迪坐在靠近门边的书桌前写作业，外面风很大，作业本被风吹得"啪啪"直响。埃迪不得不一次次跑去关门，每次关上没多久，一阵猛烈的风就又把门吹开了。

这时，邻居山姆叔叔来找埃迪爸爸，他没有进门，和埃迪爸爸站在大门外闲聊起来。

没多久，风又把门吹开了，埃迪于是跑去关门。他猛地把门合上，然而大门却因为碰到障碍物反弹了回来，与此同时，站在门外的埃迪爸爸发出了痛苦的叫喊声。

埃迪惊恐地看到，门外的爸爸五官痛苦地扭曲在一起，头发一根一根地竖着，而他的五根手指则怪异地扭曲着……看到埃迪出来，爸爸暴怒之下冲他扬起了手。原来，刚才爸爸的手正好放在门框上，埃迪突如其来的关门，差点把爸爸的手指夹断。

埃迪吓坏了，以为这次一定免不了一顿暴打。但是爸爸高举的巴掌并没有落到埃迪的脸上，埃迪的脸颊感受到的仅仅是一阵风而已。

事后，爸爸对埃迪说："当时我确实痛得厉害，原想狠狠地打你一个耳光，但是，转念一想，我是自己把手放在门框上的，错误在我，凭什么打你。"

爸爸的这句极为普通的话，给了埃迪一个毕生受用无穷的启示：自己犯了错误必须自己承担后果，不可迁怒于他人，不可推卸责任，无论你是一个父亲、老板，还是领袖。

现在有些父母不太重视培养孩子的责任心，当孩子遇到事情的时候，父母总想替孩子完成，希望能为孩子留出更多的时间去学习。责任心是孩子做人的基础，也是孩子做事情的标准之一，因此，父母一定要从小培养孩子的责任心。

父母培养孩子勇于承担责任的习惯需要注意以下几个方面：

◎ 从简到繁，从易到难

父母应该在家庭生活中有意识地给孩子布置一些适当的、力所能及的任务，如打扫卫生、负责给花草浇水等。待孩子完成之后，父母别忘加以鼓励。

◎ 听取孩子对家庭生活的建议

经常和孩子讲讲家里的花销添置、人情往来，并请孩子谈谈自己的看

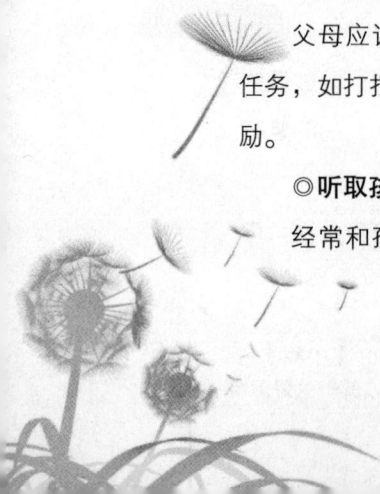

法，或者请孩子出主意想办法。当父母经常聆听孩子的意见，并采纳他们有价值的建议时，他们就会在心中油然而生对家庭的责任感。

◎让孩子学会自我服务

不要总是对孩子说"你还小""你不懂""你不行"，而要给孩子一定的锻炼机会。孩子的成长速度是惊人的，远远超出成年人的想象。成年人认为孩子不能做的事，可能孩子已经完全有能力驾驭。因此，父母要尽量给孩子一些锻炼的机会和勇气，这样孩子才可以在自我服务中增强责任心。

◎强调做事的结果

在要求孩子做事时，父母还要特别注意孩子的做事态度，使孩子养成凡事要么不做，要做就要做得认真、做得出色、做得卓越的自我要求。

◎许诺要慎重，诺言要履行

父母不要轻易给孩子许诺，如果许诺了就要做到。同时，父母也不要总是让孩子承诺什么，给孩子提出的要求要符合他的年龄特点，否则孩子容易养成说话不算数的坏习惯。

诚信——逃票的研究生

法国是一个首饰大国，其金银珠宝行业有一种体制，按业内的行话讲，即所谓的"签名"。一件"卡地亚"牌的首饰上往往有"卡地亚"的"签名"，比如在戒指内环上刻上Cartier几个字母。一旦一枚戒指上有这么几个字，其身价就大大上升。

我们可能会想，这样一个签名，哪个工匠不会冒签一个。确实，从技术上来讲是再简单不过了，然而法国人不会这么想和这么做。如果做了且被有关部门查出来的话，那就一辈子别想再在这一行业混饭吃了。有关法律规定：一个首饰商要是在他自己做的戒指上刻上Cartier几个字母冒充卡地亚产品的话，一旦被查出来，将要坐牢14年，罚款几十万（往往罚到他倾家荡产），而且在法律上规定他从此再也不允许从事该行业。

在法国做生意，除了会计要准备好各种账簿之外，还要专门给警察准备好一本"警察专用簿"，上面记录生意来往中的所有进货、出货的详细情况，以便警方在必要时查看。平时并没有人来督促做此事，但法国商人们都会自觉地做好这个簿子。因为一旦警察来查而没有这个簿子，结果只有一个：当场封店。这种严厉惩罚使得法国社会的诚信度一直保持着较高的水平。

我们可以看到，很多发达国家都具备较高的诚信水平。

有一位在德国出生的中国男孩，为学习中文，主动与中国来的一些研究生在一起。一天，他发现个别中国的研究生坐地铁不买票，立即断绝了与他们的来往。德国有一套机制来维护诚信，德国人没有听说过"做假账"这个词。德国的财务人员不敢做假账，一般人大学毕业之后，还要经过两三年的学习才能够做财务人员，要是做一次假账，就终身不得再做财务工作。

中国"枪手""做假证"之类的情况传到了德国，这在德国引发了诚信危机。

德国驻华大使馆为此专门成立了留德学生审核部，学生要去德国变得比以前麻烦多了。在德国，中国学生考试，德国人会拿着照片，反复地看你的长相，反复核查是不是本人。在德国留学的许多中国学生都觉得脸面蒙羞。为什么德国人不用看，美国人不用看，偏偏只有中国的学生被反复地看呢？

这就是诚信危机。分析世界上一些大企业家成功的因素不难发现，第一个原因就是诚信。市场经济是以诚信为基础的，没有诚信哪有市场。这是最基本的交往规则。

诚信需要从小培养，父母一定要以身作则，为孩子起到好的榜样作用。我们试想一下，如果孩子说了实话，爸爸知道是孩子做了错事，就大发雷霆，把孩子痛打一顿，那孩子以后还敢说实话吗？我们要让孩子感到，对父母讲真话并不可怕，完全可以得到父母的谅解，而不必说谎。

从小培养孩子讲诚信的习惯，我们给父母们的建议是：

◎**要创造一个宽松、愉快、民主、和谐的家庭氛围**

因为只有家庭成员相互保持诚实真挚的态度，使孩子感到成人的爱护和关心，他才能够信赖成人，有了过失才敢于承认。

◎**经常讲一些"做人要讲诚信"的道理**

由于孩子年龄小，必须把道理具体化、形象化、趣味化，孩子才容易接受。因此，可利用故事，把做诚信的人的道理寓于故事之中，使孩子明白什么是诚信，什么是虚假和欺骗，应该怎样做，不该怎样做。

◎**要满足孩子合理的要求和愿望**

如适时地给孩子添置玩具、图书及彩笔等。让孩子意识到自己需要的东西，只要是合理的，家庭又是力所能及的，是会得到满足的。这样可避免孩子因需要不能满足而偷窃别人的东西的情况发生。

◎**要有正确的教育方法**

当发现孩子有不诚信的言行时，要采取细致、耐心的方法，冷静地听听孩子的想法，分析原因，对症下药。切不可急躁、粗暴，甚至施加压力，进行打骂、体罚等，这样只会适得其反，使孩子为了躲避责罚打骂而说谎。

◎**制定一些规则并严格要求**

如：不是自己的东西不能带回家，没有得到别人的同意，不可随便拿别人的东西，借了人家的东西要及时归还，有了错要勇于承认，凡是答应别人的请求就一定要想方设法去做好等。这些规则一经提出就要严格执行，不能朝令夕改，并要重视克服"第一次"出现的问题。对执行规则，家长要态度坚决，严格要求，切不可迁就、姑息。

◎**家长要以身作则**

孩子好模仿，他们时时刻刻都在观察模仿成人的行为，因此家长要做到"言必信，行必果"，凡是答应孩子的事就一定要兑现。如因情况有变或因其他原因兑现不了，也要向孩子说明情况，解释清楚，表明不是有意骗他。要孩子做诚实的人，家长必须首先做到待人诚恳，不说假话，不夸大成绩，也不掩饰错误。家长用这样的言行做孩子的榜样，有利于孩子逐渐形成言行一致、表里如一的品质。

自信——詹妮妈妈的一句话

每一个孩子都能成为非凡的人，一个孩子能不能成为天才，关键是他的父母和老师对他有没有信心。信心是能够传递的，只有家长和老师对孩子有了信心，孩子对自己才会有信心。

小詹妮就是一个很自信、不自卑的孩子。詹妮刚上中学的时候，学校有一个特别试验班，能在这个班级里学习的孩子数学水平都很高。詹妮很想进入这个班级，与其他人不同的是，她的数学基础不是很好，所以她面临很大的压力。

细心的妈妈看在眼里，就劝她不要去什么特别班了。可是詹妮却不同意，她说："我相信自己的能力，我一定能进入这个班级的。"

之后，詹妮用数倍于别人的努力去学习。第一学期坚持下来，她的各科成绩都获得优秀，并顺利地通过了特别班的测试，圆了自己的梦想。

自信的人并不是没有压力，不是盲目地自以为是，而是面对压力时知己知彼，从容对待。

学校里开展了一系列的拓展训练：站在一个7米高的木板上，从一块木板跨到另一块木板上。詹妮起初很害怕，她去问教练："两个木板之间的距离有多远？"教练说一米到一米三吧！詹妮偷着跑到旁边，在平地试了一下，发现自己使劲跨出去，能跨出一米五六，她心里有数了，完成了"知彼"。她又想：上去就当在平地，最差掉下来也有防护设施，只不过寒碜点而已，于是，她又完成了"知己"。结果，她又一次成功了。

这件事情让詹妮大受启发：只要做到知己知彼，就有成功的把握，学习也是一样的道理。

自信使詹妮在学校里出类拔萃，她多次获得高额奖学金，还获得学校演讲比赛第一名。她到当地一家电视台当了一次嘉宾，就被导演看中，不久，成了这个节目的业余小主持人。

是什么让小詹妮有如此大的自信呢？用詹妮的话说就是：我的自信正是来自我的妈妈。妈妈从不给我任何压力，而是在一旁赞赏我已经走过的路程，帮我"数脚印"。作为一个普通的妈妈，她是怎样帮助女儿树立自信心的呢？仔细思考之后，母女二人总结出她们的经验：今天比昨天强。妈妈常对女儿说的一句话是："只要今天比昨天强就好。"

自信源于成功的暗示，恐惧源于失败的暗示。人积极的暗示一旦形成，就如同风帆会助你成功；相反，人消极的心理暗示一旦形成，又不能及时消除，就会影响一生的成功。

那么，年轻的家长如何在日常生活中从小培养孩子的自信心呢，这里介绍几种方法，供家长们在家教实践中参考运用。

◎认真倾听孩子说话

你的孩子能对你说很多很多的话，当你花时间倾听的时候，孩子们就会认为你很在乎他的观点和看法。当然，你要尽可能的与孩子保持平等并亲切和蔼，避免说一些如"现在不行，宝贝，你看妈妈正忙着呢！"这样的话。如果你确实不能马上听孩子说，你可以换一种方式说，如"现在不是最好的交谈时间，我们改一个时间，行吗？"接着安排好时间。

◎赞扬你的孩子某一件事情完成得很好

无论是家里的事或是学校的事都可以，比如孩子在家里扫地，即使你不是很满意，你也要说："房间扫得真干净！"

◎花一些时间和孩子在一起

即使一天只有10或15分钟，所花时间的质量往往比时间的长短更重要。在这段时间里，可以和孩子做一些开心的小游戏。

◎参与孩子的活动

去看看孩子的舞蹈表演、讲故事比赛等等，你的出现会让孩子知道你很关心他。

◎组织各种家庭活动项目，让孩子在活动中承担某些特殊任务

这些活动项目可以是孩子们的小聚会，也可以是全家一起出外旅游，让孩子自己准备食物，保管重要物品。

◎孩子喜欢别人需要他的感觉

给孩子分派任务，如自己整理床或打扫房间，这样孩子会觉得自己很重要。

◎鼓励孩子多看、多说

无论什么时候，尽可能让孩子多阅读，鼓励孩子提问、发表对故事的看法和评论。

◎家长切忌说一些模棱两可的话

孩子就像读一本书一样"读"成年人，他是以照葫芦画瓢的方式来学习的，对大人的情绪变化非常敏感。所以，家长要表现得非常自信，避免说一些模棱两可的话或问其他人"我这样做可以吗？"之类的问题。

积极乐观——马粪里还藏着一匹小马

一位爸爸欲对一对孪生兄弟做"性格改造"，因为其中一个过分乐观，而另一个则过分悲观。一天，他买了许多色泽鲜艳的新玩具给悲观的孩子，又把乐观的孩子送进了一间堆满马粪的房子里。

第二天清晨，爸爸看到悲观的孩子正泣不成声，便问："为什么不玩那些新玩具呢？"

玩了就会坏的。"孩子仍在哭泣。

爸爸叹了口气，走进装马粪的房子，却发现那乐观的孩子正兴高采烈地在马粪里掏什么。

"告诉你，爸爸，"那孩子得意扬扬地向爸爸宣称，"我想马粪堆里一定还藏着一匹小马呢。"

爸爸送给两个孩子每人半瓶饮料，悲观的孩子没有喝，因为他看到只剩下半瓶了。乐观的孩子拿起来高兴地说："太好了，还有半瓶呢！"

即使是在同样的境遇、同样的环境中成长的人，也会有人幸福，有人沮丧。其实，所谓幸福与不幸，都是人自己的看法而已。你觉得他很可怜，可是他本人也许会觉得很幸福。一般说来，感到幸福的人通常都以一种乐观的态度来面对事物。相对的，感到不幸的人通常都抱着悲观的态度。

要想让孩子生活幸福，就要教会他们从小乐观地面对人生。积极的情绪体验能够激发人体的潜能，使其保持旺盛的体力和精力，维护心理健康；消极的情绪体验只能使人意志消沉，有害身心健康。学会保持乐观、开朗的情绪，对孩子来说是十分重要的，也是非常必要的。

科学研究表明，儿童在6岁左右便能明显地表现出对于相同的社会事物做出不同反应的预先倾向，乐观与悲观的生活态度在这时候已见端倪。

如何培养孩子乐观的生活态度呢？我们首先要明白这样一个概念——"感染"。心理学上的"感染"与医学上的"感染"不同，是指人与人之间在情感方面的相互影响。父母的人生态度对子女的认识、情感和行为会产生巨大的影响，这种影响对子女的人生态度的形成起着至关重要的作用。

据统计，约有86％的悲观者，其父母中至少有一方的人生态度是悲观的。所以，树立孩子乐观的人生态度的根本途径是父母用自身的乐观态度去感染他们。此外，在早期教育中，父母多采用以鼓励、支持为主的教育方法，帮助孩子获得成功的体验，这对于他们确立自信心、形成乐观的人生态度也是十分必要的。如果一个孩子不管如何努力都总是失败，就会产生一种习惯性的无助感，总觉得自己不行，他的人生态度就一定是悲观的。

培养孩子乐观放松的习惯，就是任何困难情况下都应站在孩子一边，给予积极的鼓励和支持，让孩子以更好的心态战胜一切。

美国儿童心理学家经过多年的研究发现，注重培养孩子积极乐观的性格，有利于孩子健康成长。那么，如何让孩子养成积极乐观的习惯呢？以下几个方面可为您提供参考：

◎密切同孩子之间的感情

在培养乐观的习惯的过程中，友谊起着重要的作用。因此父母要鼓励孩子与同龄人一起玩耍，让他们学会愉快融洽地与人交往。

◎给孩子提供决策的机会和权力

乐观的习惯的养成与指导和控制孩子的行为有着密切的联系。父母要设法给孩子提供机会，使孩子从小就知道怎样使用自己的决策权。

◎教孩子调整心理状态

应使孩子明白，有些人一生乐观，其秘诀在于有适应力很强的心理状态，这使他们能很快地从失望中振作起来。在孩子遭遇某种挫折时，要让他知道前途总是光明的，并教孩子注意调整心理状态，使他恢复乐观的心情。

◎限制孩子的物质占有欲

因为给孩子东西太多会使其产生"获得就是得到幸福的源泉"这样一种错觉，所以应结合事例教育他们，人生的快乐不能仅与物质财富的占有画等号。

◎培养孩子广泛的兴趣

平时注意孩子的爱好，为孩子提供各种兴趣的选择，并给予孩子必要的引导。孩子的业余爱好广泛，自然容易拥有乐观的性格。

◎保持家庭生活的美满和谐

家庭和睦，也是培养孩子积极乐观的习惯的一个主要因素。有资料表明，在幸福的家庭中成长起来的孩子，成年后能幸福生活的比在不幸家庭成长起来的孩子要多得多。

独立自主——该放手时就放手

罗宾是布莱尔的好朋友，他结婚5年时，太太为他生了个金发碧眼的女儿。他开心得像个孩子，见人就说他女儿多么可爱，真是顶在头上怕摔着，含在嘴里怕化了，宠爱得不得了。

"你很爱你的女儿，"布莱尔也有个近1岁的儿子，能理解罗宾的举动，"小家伙一定很可爱。"

"当然，"罗宾高兴得眉飞色舞，"哪天让你见见我的小天使。"

万圣节放假时，罗宾约布莱尔一家到郊外去玩。布莱尔终于见到了罗宾的女儿，才7个月大，果然像个小天使一样可爱。

野餐时，他们铺了张大地毯，布莱尔的妻子把儿子抱在怀里，时刻注意他的动向。儿子哭了，妻子马上取过奶瓶；儿子爬出地毯，她立即把他抱回来……整个野餐中，妻子的目光几乎没离开过孩子。

吃过饭，布莱尔和妻子更是一切围着儿子转。而罗宾夫妇就不同了，吃饭时，珍妮哭了，罗宾为她送去一瓶水，让她自己捧着，噙着奶嘴喝；野餐后，他们干脆把孩子扔在地毯上，夫妻俩手挽着手，像恋爱中的年轻人一样，东游西逛去了。

布莱尔的妻子很生气，认为罗宾夫妇是把他们当成免费的保姆，让他们照顾孩子来了，可布莱尔却说罗宾绝不是这样的人。

回去的路上，布莱尔不顾妻子的阻拦，把这个疑问当面向罗宾提了出来。

罗宾听了，也不做任何解释，直接把布莱尔夫妇拉到了他们家。进了房间，罗宾就将一张影碟放进了DVD机，一按按钮，电视屏幕上出现这样的画面：

一个美国妈妈，用婴儿车推着个小男孩逛超市，从有冷气的超市，走到阳光高照的街上，这个男孩一直在睡着。回到家，妈妈马上把孩子放到小床上。孩子哭时，妈妈检查了他的尿片后，给了他一瓶奶，小男孩喝完奶，自己玩起床头的玩具。接着，这个男孩长到了1岁多，他像模像样地自己用勺子吃饭，一不小心，他的脸撞进了食物盘里，他抬起脏兮兮的脸，惊恐地瞪大眼睛。外出时，小男孩跟在妈妈身后，跌跌撞撞地走着，忽然，一下子跌倒在地，妈妈开心地笑着，等在一旁，而小男孩也笑着爬了起来……

"太残忍了。"布莱尔的妻子抱紧儿子，"这样对待孩子，他心里会有阴影。"

"不会啊，"罗宾愕然地说，"这也是我们养育孩子的方法。"

"我还是认为，这个孩子的妈妈并没有尽到责任。"妻子不理布莱尔对她的暗示，一口气说了出来。

"噢，"罗宾笑了，"她就是我妈妈，而那个男孩就是我。"

在美国，这样的教子方式是最正常不过的。美国人普遍认为，人一生中最重要的事有两件，一个是教育，另一个就是独立。在美国公园的水泥地面上，我们经常看见蹒跚学步的孩子，有些孩子看上去很娇弱，常常摔倒在地上。在夏天，有些孩子裸露出来的膝盖有时会磕出一片暗红的血印。孩子抬起头望望父母的反应，如果父母很快跑来抱起他，心疼地安慰、抚摩，他便会委屈地哭起来；如果大人以很鼓励的态度说："要不要再试一试？"孩子便会很快地爬起，又接着练起来。孩子磕痛了，父母当然很心疼，但这是孩子自己的生活、自己的决定，父母应该尊重他的愿望，不要过多地干涉，让孩子自己决定该怎么做。

孩子从呱呱坠地到长大成人、成家立业，是一个从依赖到独立的过程。如果一个孩子过于依赖父母，并养成了习惯，对于迟早到来的独立将是极为有害的。

因此，为了孩子的未来，让他们从小养成独立生活的习惯是父母的首要任务，也是孩子真正成长为一个大人所必须具备的素质。

我们建议家长从以下几个方面来培养孩子独立的习惯：

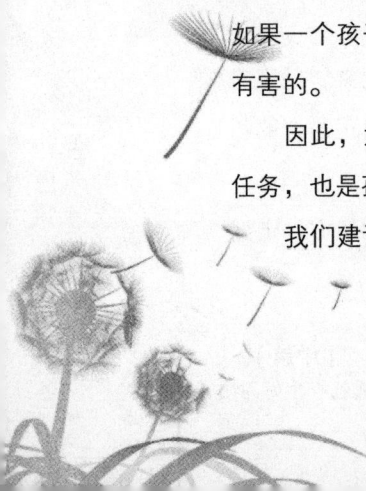

◎**帮助孩子发现自己的能力**

父母们首先要相信自己的孩子是能够独立的，同时又要在生活中创造各种条件让孩子们去发现自己的能力。你可以先制定一些小的、容易实现的目标，让孩子在成功的体验中感受到独立的快乐。

◎**能放手的时候尽量放手**

天冷的时候，父母先不要对孩子说"该穿大衣了"，而要让孩子自己在感受中学会加衣服。为了孩子的独立，有时候父母不要对孩子无微不至。

◎**尊重孩子的选择是让孩子独立的前提**

篮球健将乔丹的母亲曾经深有体会地说："在放手过程中，最棘手、最不放心的问题，是让儿女自己追求自己的梦想，自己做出事关终身的决定，选择与我为他们确定的不同的发展道路。"这也恰恰是天下多数父母都担心的问题。可是，要想让孩子真正独立，父母一定要冲破这一关，这是孩子独立的关键所在。

◎**让孩子有独立的思想**

独立的行为来自独立的思想，孩子的想法与父母的想法不同时，父母不要急于否定他们的想法，而是要问他们为什么这样想。仔细听听他们的陈述，让孩子独立表达自己的见解。

知法守法——保安和小偷

近年来，未成年人犯罪率急剧上升，并趋向低龄化。据报道：浙江省1983年抓获未成年犯罪嫌疑人2995名，而1996年已达7663名，13年内上升到2.56倍。青少年犯罪成了一个令人关注的社会问题。

有一部分青少年走上犯罪道路是因为对法律一无所知。北京市发生的两件事很能说明这个问题。

北京西城区某中学一名男同学，向一名女同学借钱，人家没借给他，他就用菜刀把人家砍死了。当公安人员逮捕他时，他还说："警察叔叔，你千万别告诉我妈妈，告诉她，她就不让我上学了。"北京海淀区某中学七八名学生结成一个偷盗集团，多次入户行盗，罪行十分严重。当他们在法庭上被问及自己犯了什么罪时，却说不知道，并声称偷盗是出于好奇，想试试本事。

这些孩子因为不知法、不懂法犯下了罪行。但是，司法机关不会因为他们不懂法而不予追究，不懂法并不能减轻他们的罪过，当他们受到了法律的制裁时才追悔当初不该不学法、不守法，以致触犯了法律，受到了处罚。让青少年罪犯在铁窗高墙之下怀着忏悔之心开始真正学习法律，实在是我们教师、家长及社会工作者的失职。须知，制止犯罪，惩治只是"扬汤止沸"，教育才是"釜底抽薪"。

然而还有一些孩子却是在知法犯法。由于贪欲的膨胀和缺乏严格的管理，他们一步步走向深渊。

南京曾经发生过一起学生长期结伙盗窃案件。6名团伙成员在案发时平均年龄不到18岁，他们同校同班同宿舍，最令人吃惊的是他们所学的专业竟然是保安。

在南京公安机关的预审室里，17岁犯罪嫌疑人小力供述了他们的违法犯罪事实：两年前我带着录取通知书来到学校报到，同宿舍5个同龄的同学成了好朋友、好哥们儿。不久，我们受不住学校严格管理的约束，大家一商量就决定溜出去"热闹热闹"。从此，我们经常集体翻墙头出去喝酒抽烟。

日久天长老是喝酒抽烟，大家都有点烦，再说家里给的钱老是这样花也不太够。一天晚上，几个哥们在外面喝啤酒，也点不起什么菜，都觉得很无聊。当时有人说，老是这样不好玩，咱们不如顺便去"拿"点东西。借着酒劲大家都很赞成。

从那以后，他们时常在夜里酒足饭饱后，就一起到附近一些中小学校行窃。由于学习的是保安专业，对刑法、公安业务知识等有一定的了解，起初，他们盗窃也还算有点节制，只是"拿"些铅笔、橡皮擦、牙刷、毛巾和书本等，不"拿"太值钱的东西。当然，因为懂专业知识，他们作案比较谨慎，相当注意不留痕迹等反侦查的问题。

后来，经常作案胆子就大了，把学习的法律知识都抛到脑后，什么值钱就"拿"什么，几个哥们儿有福同享，作案时互相照应，每次都很顺利，渐渐地对仅仅到中小学"拿"点东西不感兴趣了。最后一次大家商量，快毕业了，今后要分配到不同单位，6个人没机会一起"拿"了，决定干点儿大的，就去了那家手机店。

因为他们几个"铁哥们儿"心齐，有事经常能互相"打掩护"，先后盗窃的财物将近1万元，学校和家长都没发现。6名学法不守法的少年，最终得到的不是毕业证书而是法院的判决书。

孩子的违法犯罪行为与家长的教育、家庭的环境关系极大。据调查，很多家庭不懂得如何教育孩子，管教无方，法制教育更谈不上；对孩子百依百顺，有求必应，使孩子从小为所欲为；父母思想意识不健康，自身就缺乏法制意识，甚至家中就有违法乱纪现象；或者是家人感情不和，父母离异，孩子缺少家庭温暖。

爱孩子，是每个父母的本能。渴望孩子成器，也无可非议。但是，良好的愿望只有通过正确的教育方法才能实现，鲁莽和粗野，只能使孩子产生逆反心理，最后走向歧途。

家长如何让孩子养成知法守法的好习惯呢？应注意下面几点：

◎ **建设文明家庭，家长做守法的模范**

一个文明和睦、遵纪守法的家庭，家长及成员素质较高，不仅有利于子女成长，也可避免子女违法犯罪。并不是说孩子的不法行为的责任全在家长，但是孩子发展到违法的地步，家长总是有责任的。家长及主要成员必须以遵纪守法的模范行为做子女的表率，应以良好的家风熏陶子女。在家庭内部也要守法，如对孩子的私人信件和日记不要拆开偷看等等。

◎ **要以健康的思想、品行和适当的方法教育子女**

要关心孩子心理、意志和品格的培养，引导他们进行有益身心健康的活动，预防和制止孩子吸咽、酗酒以及聚赌等。据调查，目前在少年管教所或工读学校的违法犯罪青少年中，大部分都是因为中了"黄毒"不能自拔而走向邪路的。所以家长尤其要注意防止不良思想对孩子的影响，教育孩子并采取相应措施防止孩子看不健康书刊、音像制品，保护孩子的心理健康。

◎ **防止和纠正子女的不良交往**

不良交往是导致孩子后进甚至违法犯罪的一个重要因素。不良交往对象会传授不良行为，甚至教唆违法行为。有关部门对违法犯罪青少年犯罪动机的调查表明，青少年由于朋友的怂恿、激将引发犯罪的比例最大，约占1／3。因此家长要特别注意引导子女多交些品学兼优的朋友，发现有不良交往要采取适当的方式干涉，断绝他们的往来，尤其对与社会上不三不四的朋友的交往，更不能掉以轻心。

◎ **配合社会进行法制宣传教育**

家长要主动及时地配合社会的法制教育和执法实践。如社会上开展的严厉打击重大刑事犯罪的活动；报刊上关于违法犯罪的典型事件及执法过程的报道；家周围出现的违法事件；孩子接触到的包括影视或耳闻目睹涉及法律问题的事件等等。家长应利用这些材料，采取通俗易懂、生动形象、孩子们喜闻乐见的形式具体地宣传法律知识。

同时注意把法制宣传教育与道德教育结合起来，与公民的权利和义务教育结合起来，把自觉守法与法律制裁的教育结合起来，培养子女的法制观念和守法习惯。让孩子学会按照法律的要求去分析、判别各种社会现象，从而决定自己赞同什么，反对什么。

◎ **介绍和讲解法律知识**

有条件的家长可以有针对性、有选择或较系统地向子女介绍法律知识，讲解法律条文。例如，《中华人民共和国宪法》《中华人民共和国教育法》《中华人民共和国国旗法》《中华人民共和国国徽法》《中华人民共和国未成年人保护法》《中华人民共和国环境保护法》《中华人民共和国治安管理处罚法》《中华人民共和国道路交通安全法》《中华人民共和国刑法》等有

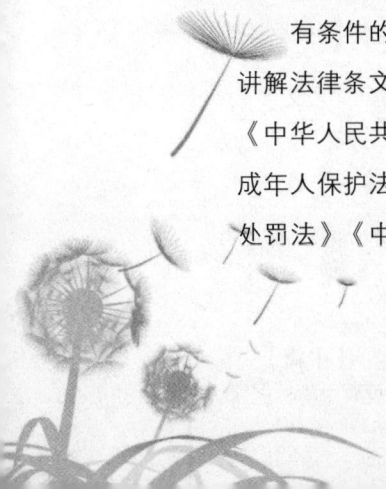

关内容，从而使孩子掌握一点儿有关的法律知识，认清什么是合法的什么是非法的，明确什么是该做的什么是不该做的。

总之，孩子小，接受新事物的能力强，正是进行法制知识教育的适当时机，使孩子从小养成学法、知法、守法的好习惯，长大后，他就会成为一名合格的，以至优秀的公民。

谦虚待人——一封感谢信

人人都喜欢谦虚的人，而不会与自以为是的人为伍。即使是在提倡"毛遂自荐"精神的今天，谦虚依然不失为一种伟大的美德。持有谦虚精神的人如同持有一张通行证，可以畅通无阻地行走于社会。

一个年轻人刚从大学毕业，他对自己的前途充满了信心，因为他在学校一直都表现得很出色，而且多次获得征文比赛的大奖。他一心想到贸易公司工作，并写了许多简历前去应聘。

其中有一家公司写了一封信给他："虽然你自认为文采很好，但是我们看了你写的简历，直言不讳地说，你的文章写得很差，甚至还有许多语法上的错误。"

受到打击的年轻人心里很不服气："我怎么可能在简历上出错误呢？"但是，当他回头仔细查看自己的简历时，发现确实有些他没有察觉出来的错误，而这些错误的拼写和语法自己一直都这样用，却一直都不知道它们是错的。

于是他写了一封感谢信给这个公司，信上是这样写的："谢谢贵公司给我指出我经常犯的错误，我会更加细心的。"几天后，他再次收到这家公司的信函，通知他可以上班了。

不是才能，不是关系，而是态度让这个年轻人实现了自己的梦想，是谦虚的态度让他拥有了自己梦寐以求的工作。

一个谦虚的人能学到更多东西。承认人外有人，天外有天，才能认识到学无止境的含义，才能放开眼界，不断地吸收新的知识。

一个人有才能是值得佩服的，如果再能用谦虚的美德来装饰，那就更值得敬佩了。

谦虚是一项积极有力的特质，妥善运用，可以使人类在精神上、文化上或物质上不断地提升与进步。不论目标为何，如果想要追求成功，谦虚都是必要的特质。在到达成功的顶峰之后，你会发现谦虚更重要。只有谦虚的人才能得到智慧。

所以父母要培养孩子从小谦虚的习惯，戒骄戒躁，在谦虚中不断吸取知识，不断取得进步。普列汉诺夫是这样说的：谦虚的学生珍视真理，不关心对自己个人的颂扬；不谦虚的学生首先想到的是炫耀个人得到的赞誉，对真理漠不关心。

教会孩子要谦虚，不骄不躁，我们给父母们的建议是：

◎**不要过度夸奖孩子**

家长和社会对孩子过分的夸奖与肯定，很容易使孩子滋生骄傲情绪，认为自己是最优秀的。一旦这种骄傲情绪产生，再纠正就困难了。

◎**经常对孩子讲一些优秀人物的故事**

尤其是同时代、同年龄的其他孩子的优秀事迹对孩子更具有激励作用。让他们知道：人外有人，天外有天。很多事物的优越性都是相对的，我们所拥有的，永远都微不足道，所以我们没有理由不谦虚一点儿。

◎**创造一个培养孩子谦虚品质的大环境**

父母要为孩子创造一个有利于培养孩子谦虚品质的大环境，并同时和老师配合。在教育孩子谦虚的同时肯定孩子的长处，让孩子认识到只有谦虚才能使人不断进步。

◎**父母要用自身的言行影响孩子**

切不可有骄傲自满的表现，因为孩子极易受父母的感染。

善于合作——一根手指的无奈

曾经看过这样一个寓言：

一天，梭子鱼、虾和天鹅，想把一辆小车从大路上拖下来。三个家伙一起负起了沉重的担子，它们用足劲儿，但是无论它们怎么拖呀拽呀，小车还是在老地方一点儿也没有移动。

这并不是因为小车重得动不了，而是另有缘故：天鹅使劲往上向天空提升，虾一步一步向后倒退，梭子鱼又朝着池塘拉去。

这个寓言说明，任何一种事物都是由许多相互联系、相互制约的要素组成的系统，当各种相互作用、相互依赖的关联要素彼此协调、合作、同步一致地向同一目标运动时，就会形成整体合力，就会产生大于各个要素孤立相加的力量。而当它们互不合作，各自往相反的方向作用时，则产生小于单个的力量。

人们生活在一个普遍联系的世界里，科学技术和信息网络已经把地球的每一个角落都纳入整体，可以这样说，每一个人的成功都取决于和别人打交道的程度。是不是习惯于与他人交往、同他人合作，在很大程度上决定了你的孩子的发展空间的大小。

有一位老师在课堂上让学生们做了一个游戏。他先请一个学生走上讲台，伸出自己的小手，分别谈一谈每根手指的优势和长处。学生说："大拇指可以用来赞扬别人，可以按图钉；食指可以指东西，可以挠痒痒；中指最长，可以……"学生的思维很活跃，一口气说了不少，其他同学纷纷补充，可谓数尽每根手指的功能。

这个时候，老师笑眯眯地发给学生们每人一个他事先准备好的道具——装着一个小玻璃球的杯子。他对大家说："那么，现在就请你们用你们认为最有本事的那根手指把玻璃球从杯子里取出来！记住，只能用一根手指。"

老师刚一宣布完，教室里的气氛一下子热烈起来，学生们积极地动起手来。可是，不论他们怎么努力，玻璃球就是取不出来，急得小家伙们一个个抓耳挠腮。

老师这才不紧不慢地又宣布说："好吧，你们可以邀请另外一根手指同原先的那一根合作。"问题于是迎刃而解。

这位老师的用意在于使孩子们懂得，无论一个人多么有才能，总是有所局限的，总有他无法独立完成的工作，因而合作是必要的。进一步深入下去，孩子们还能够认识到，任何一根手指要实现夹东西的功能，都必须以其他手指的参与为前提。

同样，任何一个人要体现出他的才能，也都必须以承认参与者的价值为前提。就好比说一位将军，要施展他的军事指挥才能，就一定要有可供调遣的士兵，还要有作为对手的敌人。也就是说，承认别人就是认可了自身的价值。合作不是一般意义上的人际交往，而是为了一个共同的目标结成的互助互利的"双赢"关系。在这样的关系中，利他行为是更为基础的要素，自己的成功以帮助别人成功为前提。但是，利他行为不是一个人天生就能做出的，它需要后天的培养。

与人合作的能力已成为当今世界人才的重要素质之一。目前由于独生子女数量大大增加，任性、脾气大、与人合作能力差成为大多数孩子心理品质上的弱点。

父母应该如何培养孩子主动参与合作的习惯呢？

◎使孩子体验到"单独奋斗"的挫折感，明白合作力量大的道理

日常生活中的很多行为是必须两个或两个以上的人配合才能够完成的。例如，各人霸占一小堆积木摆不出什么好看的造型，而大家合作，让积木充分利用，就能共同摆出各种好看新奇的造型。帮助孩子从这些失败中理性地分析原因，有助于他们体会到合作的必要性。

◎让孩子有成功合作的体验

成功合作的体验是强化孩子的合作意识、养成合作习惯的持久的内部刺

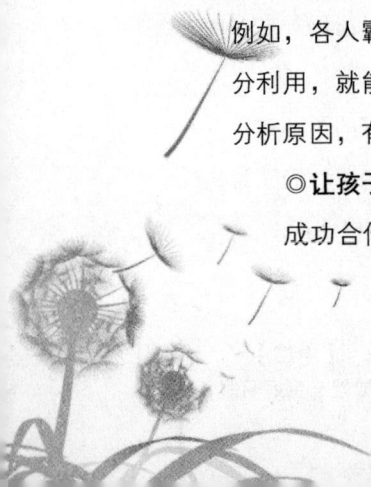

激物。它使孩子们在没有大人督促，没有规则要求的情况下，因为能够预见到美好的前景而持续地参与合作。需要指出的是，成功合作不是一定要达成现实的目标。尽管有的合作最终还是失败了，但合作的过程是令人愉快的，参与者都已经尽力而为，从客观上说大家其实都有所收获，这样的合作仍然是成功合作。

◎教会孩子参与合作的技能

合作，意味着参与者的个性要服从集体的"共性"，意味着参与者必须约束自己的表现欲以求得整体"合力"的最大化。合作需要爱心的付出，需要牺牲精神，还需要人际交往的技能。如果缺乏这些素质，合作便是不愉快的，也是不能持久的。在合作中的参与者如果各自心怀局部利益，不愿意尽自己的那一份义务，那么必定不能达成现实的目标，更谈不上成功合作。

◎让孩子学会悦纳别人

所谓悦纳别人，是指自己从内心深处真正愿意接受别人。从实质上讲，合作是双方长处的珠联璧合，也是双方短处的相互遏制，只有欣赏对方的长处，合作才会有真正的动力和基础。

宽容别人——妈妈，我能这样做吗

要教会孩子如何为人处世，首先就要教会孩子理解和宽容。学会理解他人的难处，学会宽容别人的过失，并把这种理解和宽容转化为内在的认知习惯，这是儿童的爱心形成的认识基础。一个善于体谅他人，对生活保持宽容态度的孩子，一定是一个充满爱心的孩子。

作为家长，你能够做到宽容和善于理解他人吗？如果做不到，你就必须尝试着改变自己。因为这样的改变不仅对你来说很必要，而且对于你的子女的成长，意义更加深远。孩子可能因为父母的苛刻而变得不能理解和宽容父母，这是家长们所不愿意看到的。

王林有一天对妈妈说，他有些讨厌学校里看自行车棚的临时工黄大爷。听王林这么说，妈妈感到诧异。王林平常是一个为人热情、彬彬有礼的孩子，怎么会指责一个老人？于是问他为什么。

王林告诉妈妈，这个黄大爷脾气一点儿也不好，有好几次跟他打招呼，他根本不理睬。"这还不是最主要的，"王林接着说，"他对工作一点儿也不负责任。任何人在上班时间都不能擅离职守，可是他却常常把自行车棚的铁门一锁，便连个人影也找不着了。前天，我因为生病请假提前回家，到处去找他开自行车棚门，你猜是在哪里把他找到的？在他寝室的被窝里！他竟然跑回去睡懒觉了。我当时气得真想写信把这事反映给校长。妈妈，我能这样做吗？"

看着稚气的王林，妈妈心里有一种说不出的滋味。该怎样教育这个孩子呢？

"林林，我想告诉你的是，你恐怕不能这么做。你的心情我理解，你是在想，如果一个人不能胜任他的工作，那么就应该离开这个岗位，这对别人也有好处。可是你知道吗，每一个人都会有缺点，都可能有失职的时候。听说，这位黄大爷为你们的学校工作了三十年，已经七十多岁了。他没有儿女，前年老伴患食道癌过世了，他自己的身体状况也很不好，右边的耳朵已经失聪了。学校之所以还在聘用他，就是考虑到他没有其他生活来源。他现在老了，体力也不行了，不过，他在年轻的时候是一个非常乐于帮助别人的人。林林，你想想，如果学校把他辞退了，他一个人孤苦伶仃的，以后的日子怎么过呢？"

王林良久没有吭声，他低着头，脸上带着愧疚。最后他对妈妈说："妈妈，我错了。我对这位黄大爷没有做到应有的宽容，是因为我不了解他的情况，差一点儿感情用事。妈妈，我希望你能给我一个机会，让我和我的几个好朋友一道来帮助他。"

"当然好啊，"妈妈慈爱地抚摸着他的头说，"你的做法让妈妈感到欣慰。"

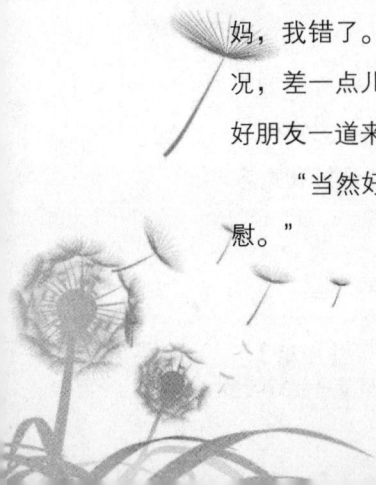

王林在妈妈的教导下，终于学会了理解他人，做到了宽容别人。

家长要让孩子宽容别人的行为形成一种习惯，要注意做到以下几点：

◎**让孩子摆正自己在家中的位置**

要教育孩子摆正自己在家中的位置，让他懂得他只是家庭中的普通一员，不能对他娇惯，不能无限度地满足他的愿望，不能给他特殊权利，让他高高在上。

◎**要求孩子心中有他人**

不要让孩子总是以"我"为中心，一切只顾自己。

◎**让孩子有一些吃亏让步的体验**

必要时让孩子有一些吃亏让步的体验，以锻炼孩子的克制能力。

◎**多给孩子与同伴交往的机会，使之从中得到锻炼**

让孩子在发生矛盾的后果中体味到只有团结友爱、宽容谦让，才能享受共同玩耍的快乐。

◎**家庭成员间要友爱宽容**

让孩子从小就生活在一个温馨、和谐、友爱、宽容的家庭环境中，使其在潜移默化中逐步形成稳定的宽容忍让的良好习惯。

自我克制——好漂亮的钥匙链

小强总是管不住自己，上课插嘴，骚扰同学；在家看电视没完没了，作业草草了事。老师说他没有自制力，克制不住自己。

自制力是个体在没有外界监督的情况下，适当地控制、调节自己的行为，抑制冲动，抵制诱惑，延迟满足，坚持不懈地保证目标实现的一种综合能力。它是自我意识的重要成分，是一个人走向成功的重要心理素质。

生活中，人们会碰到许多诱惑，它们总是展示迷人的一面，引诱我们渐渐远离自己的理想与目标。每个人都会面对种种诱惑，学生做作业时，会受到游戏的诱惑；小孩子即使生了蛀牙，也会受到糖果的诱惑。面对诱惑，自制力弱的人往往会不知不觉陷入其中；自制力强的人却能控制自己做出有利于自己和符合道德规范的行动。

自制力主要表现在两方面：一是善于迫使自己执行定下的决定；二是善于抑制与自己的目的相违背的愿望和行动。

一天中午，小华到隔壁好朋友小芳家玩。她们不知怎么就谈到了钥匙链。小芳说，她有个钥匙链，可漂亮啦，是她爸爸从日本带回来的。那个钥匙链是小公鸡形状的，一身红，还是个立体的，只要一按它脚上的按钮，小公鸡的嘴就会自动张开，喔喔地叫两声。

小华非常羡慕小芳有这么好的钥匙链，她很想看看小芳说的小公鸡钥匙链到底是什么样子，可小芳从不许任何人动她的抽屉。碰巧小芳妈妈要小芳出去买酱油。等小芳下楼后，好奇心使小华打开了抽屉，拿出了钥匙链。哇，好漂亮的钥匙链！小华想："自己要是有一个那该多好啊！"这样想着，就把钥匙链放进了自己的兜里。

小华之所以拿走了小芳的钥匙链，是由于她抵制不住诱惑而做了错事，这说明她的自制力很差。因此，从小培养自制力是很重要的。

现在的孩子自制力很差的原因有二：一是被家长溺爱娇宠，很少受到限制，养成任性、专横的性格，缺乏自制；二是他们的成长经历太顺，生活、学习的事都由父母安排，依赖性太强。

任何一个人要想取得成功必须具备高度的自制力。历史上，自制力极强的伟人们的例子数不胜数，法拉第就是一个这样的人。法拉第性格倔强、脾气古怪，甚至有点儿暴躁，在他温文尔雅的背面，是火山一般炽烈的激情。但是，在法拉第的性格中，有一点特别值得我们学习——自制力。

在这个世界上，诱惑无处不在，欲望随时会产生。但是法拉第把全部的精力都投入到科学事业中，坚决抵制一切诱惑而专心沿着纯科学之路探寻、求索。

正如廷德尔先生所说："纵观他的一生，这位铁匠的儿子、装订工的学

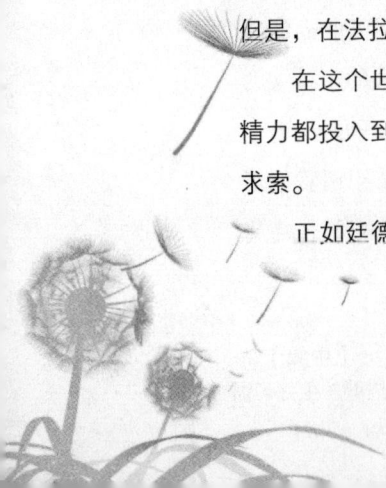

徒不得不在15万英镑的巨额财产和他所热爱的科学事业之间决定取舍。他义无反顾地选择了后者，死时他一贫如洗。但是，他的名字在40年里一直光荣地名列英国科学名人录的榜首。"

人类必须容忍和克制，脾性必须服从于理性的判断，必须尽量避免坏的心情、坏的脾气和尖酸刻薄、好挖苦人的习惯。一旦人们的思想松懈，这些东西就会乘虚而入，卷土重来，就会在我们的本性上建立永久的基地，还会盘踞在我们的心灵中。

培养孩子自我克制的能力，培养他理性的思考和判断能力，是孩子今后能够取得成功的必要前提。如果一个人想光荣地、平和地度过其一生，他绝对有必要学会在小事情或大事上进行自我克制。

怎样才能培养孩子善于自制的习惯呢？我们为家长提供了如下一些建议：

◎帮助孩子理解各种活动的目的，使孩子自觉地控制自己的行动

比如好好学习是为将来参加社会主义建设做准备，不好好学习，会一事无成。

◎为孩子树立良好的榜样

儿童喜欢模仿榜样的行为，榜样的替代性学习可对他的行为产生影响。如榜样的行为受到赞扬，儿童就会学习该行为，反之，则拒绝。

◎从生活小事着手

要求孩子定时完成的任务，一定要如期完成。既定的目标只要是正确的，就鼓励孩子坚持从头做到底，决不半途而废。

◎有意识地培养孩子的意志力

要遵守规定的纪律和制度，必须控制自己，不做违反纪律和制度的事。抗拒种种诱惑，需要一定的意志力。

◎灵活运用各种强化措施

为了培养孩子能够自我克制的习惯，要充分注意鼓励、表扬、批评、责备等强化措施的灵活运用。

不怕竞争——不服输的耶鲁女孩

在竞争激烈的社会里，培养竞争意识的重要性是不言而喻的。想成就一番事业，没有强烈的竞争意识是根本不可能的。竞争意识就是一种积极的进取心，是一种锐气，是一种不争第一誓不罢休的倔强。

在孩子的培养教育上，竞争意识的培养同样重要。竞争从另一个角度来说，就是竞争者在竞争过程中保持的一种昂扬的精神状态，对于孩子来说，保持这种精神面貌尤其可贵。竞争的力量会让一个人发挥出巨大的潜能，创造出惊人的成绩，尤其是当你的竞争对手强大到足以威胁你的生命的时候。如果不鼓励孩子参与竞争，就很难开发他们的潜能，更不用说发掘出人生的深层意义和享受美好的人生。

下面是一位考上耶鲁大学的女孩的妈妈所讲述的自己女儿的故事：

女儿是在国内读完小学五年级的。当时通过各种关系进的是一所市属重点小学，学校名声大，后门多，生员爆满，一班竟多达64名新生。女儿上学早，5岁半便背起了书包。记得第一次期中考试，女儿有一门得了满分，一门99分，但名次排下来却是二十几名。

本来这种成绩已无可指责抱怨。记得我小时候读书，有个八九十分就不错了，哪有过这么好的成绩，比起女儿，我已经差得太多，还有什么话好讲？可是，尽管这种成绩不错，我却仍然十分担心，原因就是这二十几名的名次，假如女儿甘心自满，不再奋发图强，却又如何是好？

好在这种局面很快改观，二年级之后，尤其是有了作文课之后，双百分拿不到了，排头的成绩纷纷往下降，女儿的成绩却降得少，相形之下竟冒出了尖尖角。

我特别在意的就是这似露非露的尖角，它养成了女儿可贵的不服输的劲头。来到美国之后，凭着这股劲头，她又用最快的速度过了英文关，之后，一路走来，别人能做的，她能做，别人做不到的，她还要做。

学钢琴时，她已经过了13岁，老师不想收她，说她已经过了学琴的最佳年龄。可她硬是不服气，不仅争取到了这个机会，而且学得非常出色，就连高中阶段最紧张的十一年级，她每天还至少抽出一个小时练琴。

说到这里，我们应该感到惭愧。在朋友们的眼里，女儿之所以取得这样的成绩一定是得益于我们的辅导帮助，实际上，我们对女儿的具体帮助很少，也插不上手，要说有帮助的话也是在教她怎样做人的方面。

我觉得，值得在此与朋友们分享的，就是女儿那种倔强的不服输的劲头，我至今认为这是非常宝贵的经验。想让自己的孩子成功的父母们，千万要注意努力培养、小心呵护孩子们的积极进取精神，千万不可磨光了孩子初生之犊的锐气。

那么家长应如何培养孩子竞争的习惯呢？我们的建议是：

◎ **改变传统的教育观念和评价孩子的标准**

我们经常把"孩子真听话""真乖"作为"好孩子"的评价尺度，可以说，这一观念已经陈旧。从孩子未来生存发展的需要来看，从小培养孩子具有独立自主的意识，坚强的意志，敢想敢干，勇于创新、创造的精神及勇于和敢于迎接挑战、挫折与艰辛的心理素质才是科学的教育观念。

在教育方式上，家长要转变原来的"我说你听""我打你从"的教育方式，采取民主的、激励型的、疏导型的教育方式。同时要鼓励孩子勇敢地走出书斋，走出家庭和社区，放眼世界，放眼未来，树立雄心壮志。

◎ **在培养孩子具有创造性思维方面下功夫**

可以说现在的学校应试教育既束缚了儿童创造性思维的发展，也决定了家长循规蹈矩的教育方式。所以，家长在教育孩子时，要善于激发儿童的求知欲望和求知兴趣，鼓励孩子勤动脑、动手、动眼、动口，不唯书，不唯上，善于发现问题，提出问题，并尝试用自己的思路去解决问题。

家长不能拘泥于书本、拘泥于现成的答案和传统的教育模式来限制孩子，束缚孩子的手脚。当孩子提出"新思想"，有了"新发明"，家长应及时予以表扬，并鼓励孩子坚持探索。一个具有创造性思维的人，就是一个具有竞争意识和竞争能力的人。

◎培养和发展孩子的个性

发展儿童个性是目前国内外教育界的一个热点问题。这是因为人的个性品质中的能力、性格、气质、意志以及需要、动机、兴趣、爱好、信念、情感等，能反映人的能动作用和主体意识，是和一个人的创造力、竞争力紧密地联系在一起的。

发展儿童个性应与儿童本身的竞争能力紧密地联系在一起，从儿童本身的需要、兴趣出发，让孩子不但有广阔的知识背景，更有几种特殊才能和本领，具有较完善的人格，从而在激烈竞争的社会中立于不败之地。

培养孩子的竞争意识应从小开始，从小事做起。在培养孩子竞争意识过程中，也应让孩子明白，竞争不应是狭隘的、自私的，竞争者应具有广阔的胸怀；竞争不应是阴险和狡诈，暗中算计人，而应是齐头并进，以实力超越；竞争不排除协作，没有良好的协作精神和集体信念，单枪匹马的强者是孤独的，也是不易成功的。

◎家长应鼓励孩子参与集体竞赛，为集体的取胜尽最大的努力

以班、组为单位的智力竞赛、体育比赛等，是一种集体竞争行动，要求每个人既要发挥最大的潜能，又要互相合作协调，使整体取得成功。目标是既要战胜对方，但又不能损害对方，孩子从中可学到许多竞争的方式方法，比如公正、平等，从而促进孩子良好的竞争意识的形成。

◎教育孩子正确对待竞争中的胜利与失败

有竞争就必然有胜利与失败，家长在孩子取得胜利时，要让其知道一山更比一山高的道理，终点永远在前面，失败时也别以为世界末日到了，耐心帮孩子找出失败的原因，校正其努力的方向。胜利时扬扬得意，失败时垂头丧气，都是缺乏良好竞争意识的体现。

有耐心——一个棉花糖实验的启示

美国心理学家沃尔特·米歇尔和他的实验人员曾做过一个经典的"成长跟踪实验"。

沃尔特·米歇尔选择了一所幼儿园，并在幼儿园选出十几个4岁儿童，将一些非常好吃的棉花糖按每人一颗发给这些孩子，同时告诉他们：如果马上吃，就只能吃手里这一颗；如果等20分钟后再吃，则能吃到两颗。在美味的棉花糖面前，任何孩子都将经受考验。

在这批儿童中，有些孩子迫不及待，马上把手中的那颗棉花糖吃掉了。而另一些孩子却决心等待对他们来说仿佛是无尽期的20分钟。为了使自己坚持到最后，他们或闭上眼睛不看棉花糖，或头枕双臂自言自语，有的甚至都睡着了，最后，他们终于熬过了对他们来说是漫长的20分钟，吃到了两颗棉花糖。

沃尔特·米歇尔和他的实验人员把这个实验一直继续下去，他们对接受实验的孩子进行了追踪调查，这项实验一直持续到孩子们高中毕业，结果发现：在4岁时就能以坚韧的毅力获得两颗棉花糖的孩子，到了青少年时期仍能等待，而不急于求成，表现出更强的社会竞争性、较高的效率和较强的自信心，更加独立、主动、可靠，能较好地应对挫折，遇到困难不会手足无措和退缩，为了追求某个目标，他们像幼年时一样，仍能抵制"即刻满足"的诱惑。

而那些迫不及待，经不住棉花糖诱惑，只吃到一颗棉花糖的孩子，在青少年时期更容易有固执、优柔寡断和压抑等个性表现，他们往往屈从于压力并逃避挑战。

对这些孩子分两级进行学术能力倾向测试的结果表明，那些在棉花糖实验中坚持时间较长的孩子的平均得分高达210分。后来几十年的跟踪观察也证明那些耐心等待并吃到两颗棉花糖的孩子，事业上更容易获得成功。

现在我们已经明白了，一个人是否有耐性，是他人生和事业成败的重要因素。

然而，目前大城市中的青少年却越来越多地出现一种趋向，即不会忍耐。比如说，只要对自己有利就不顾是非盲目行动，不会谦让，没有耐心，念不完一本书，在家里待不住，干什么事情都要让家长帮忙，喜欢玩有刺激性的电脑游戏，脾气暴躁，稍一批评就张口顶撞，甚至离家出走，所以，培养孩子的耐性，必须从小抓起，让他们从小就习惯于需求的延迟满足。

只有那些有耐心的父母才可能把孩子培养成有耐心的人。要训练孩子的耐心和耐力，父母首先必须有耐心，能够沉住气。

妈妈正在埋头工作，小维尼走过来央求："妈妈陪我到公园去玩嘛。"

妈妈头也没抬地对小维尼说："妈妈工作正做到一半，等妈妈把文章整理完就带你去。"

过了一会儿，维尼又来催促妈妈："妈妈，还要等多久？我现在就要出去。"

"维尼，妈妈急着赶工作，你先玩一会儿玩具，还得再等妈妈一会儿。"

听到这些，维尼闷闷不乐地到自己屋里看故事书去了。

妈妈做完工作之后去叫维尼："我完成工作了，走吧，妈妈带你出去玩。"

"不，等一等，这个故事我正看了一半。"女儿捧着一本书，模仿着妈妈的口气说道。

妈妈没有生气，她并不因为女儿的故意模仿而恼怒，她认为这是培养孩子耐性的好机会，也是对女儿的尊重。因此，妈妈很有耐心地坐在客厅的沙发上等起了女儿。最后，等到小维尼读完那个故事，母女俩才一起出门。

在现实生活中，孩子往往欲求过分。例如刚吃过一个冰淇淋还想再吃一个，刚买过一个书包，还想再买一个；例如不管什么需求，一想到就要求父母必须马上满足，否则就会哭闹不已。

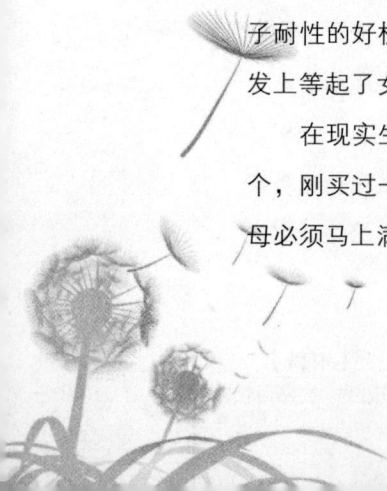

父母要让孩子学会"等待"，对孩子的一些日常玩乐、享受的需求给予延缓满足。最好让孩子做出适度努力后，再满足他的欲求。如果孩子想得到新衣服，就要学着自己洗衣服、刷鞋子、整理床铺。还可以采用积分制，每做一件值得鼓励的事，就加几分，累积到一定数量，可以让孩子获得想要的某种奖励。

孩子产生"欲求过分"的问题，表面上看原因似乎在孩子身上，实际上根子还是在家长身上，是家长"有求必应"的行为助长了孩子的这种习惯和心态。

另外，孩子对一切事物都感兴趣，一句话、一张图片、外界一点点新鲜的刺激都会吸引他的注意力，所以容易形成兴趣改变得快、耐性及坚持性差等习惯。一个人要想在事业上获得成功，不仅需要有聪明才智，还需要有持之以恒的毅力。因此，培养孩子克服困难、坚持努力的精神是很重要的。

家长要培养孩子的耐性，可以参考以下建议：

◎**培养孩子的坚持性，需要耐心地引导**

家长可用亲切的语言把孩子的注意力吸引到他所做的事情上，避免分散注意力，使他坚持完成所进行的活动。比如，孩子画画只画了一半就想离开，家长应提醒孩子："画完了，你给我讲讲画的是什么呀！"孩子一听家长要看画，就会画完。

◎**培养孩子的耐性要循序渐进**

孩子可能学习一会儿就烦躁不安了，这时不要强迫孩子，而要用游戏的方法吸引孩子，使他坚持下去。开始时可以短一些，等孩子对学习有兴趣了再逐渐延长时间。

对于孩子的学习内容主要看孩子是否感兴趣，家长不要把自己的意愿强加给孩子。孩子做自己感兴趣的事情容易获得成功，成功给孩子带来继续坚持的动力。这样的活动，孩子会更自觉地坚持。

◎**从日常生活中培养**

由于当今日常生活中的东西都力求方便和快捷，诸如即溶奶粉、速溶咖啡、方便面、快餐、遥控器等等，想吃、想看，都不用"等"，马上就有！这种凡事不要"等"的快捷生活，从表面上来看似乎很幸福，但实际上却使孩子丧失了训练"耐性"的机会。因此，父母应从日常生活中藉着"等"来培养孩子的耐性。例如，当有排队等候的事情时就要带领孩子一道耐着性子等候，以利于从小培养孩子的"耐性"。

◎ 在玩具上加以注意

父母应利用玩具来有效地训练孩子的耐性。不仅要帮助孩子选一些能够训练耐性的玩具，还要监督孩子在玩玩具时，做到有始有终，不得中途改做其他事情。例如，当孩子在玩积木时，不要在孩子堆到一半时，叫他去收拾书包；在拼图还没有拼完时，不要叫孩子去洗澡；当孩子绘画绘到一半时，不要让孩子去做功课，等等。严防孩子养成半途而废的习惯。

◎ 在游戏中训练

在孩子玩游戏的过程中，父母要注意训练孩子的耐性。平时，注意选一些需要有耐性的游戏同孩子一起玩，以培养孩子的耐性。在孩子玩耍时，要勉励孩子有始有终，不要答应孩子在一个游戏玩了一半时停下来去开电视机。

◎ 给予鼓励和协助

当孩子把事情做到底、做完时，父母要给予适当的鼓励，使他们今后都能把每件事做完。如果孩子做一件事没有做到底，或是有困难，或有厌倦感，这时父母就要从旁鼓励、暗示和协助他们一定把它完成。如果孩子对每件事都能做到有始有终，将事情做到底、做完，这就是最好的"耐性"训练。让孩子从小就养成把每件事做完的习惯，这是训练孩子"耐性"的最有效的方法。

◎ 家长要做出榜样

许多孩子没有耐心，是因为家长对孩子做事的要求往往也是虎头蛇尾。所以，首先要求家长注意不要造成孩子半途而废的行为习惯。在开始一种新的活动之前，必须让他把正在进行的活动有个了结。如让孩子去洗澡，应在

开始烧水时就告诉孩子画好这张画后，再去洗澡。然后在孩子洗澡之前别忘了认真检查画到底画完了没有，这本身就是培养孩子做事有始有终的良好习惯。

◎给孩子设置点儿障碍

家长应该有意识地给孩子设置点儿障碍，为孩子提供一些克服困难的机会。因为耐心是坚强意志磨炼出来的，越是在困难的环境中，越能锻炼孩子的耐心。要鼓励他做事不能半途而废，做好一件事要经过努力，才能完成。孩子经过努力完成一件事时，应当及时给予表扬，从而强化其做事有始有终的良好习惯。

培养高效的学习习惯

学习是一个人终生都必须做的事情，一个人能否成功，能否获得幸福的生活，在一定程度上取决于他的学习能力。而一个人的学习能力，取决于他从小养成的优良的学习习惯。

兴趣是最好的老师——托尔斯泰的教子经

兴趣是最好的老师，幼年阶段对周围事物产生好奇心、发生浓厚的兴趣，可能是一个人终生成就的源泉。兴趣是儿童对某种事物探索的欲望，只要有了好奇心，有了探索欲望，孩子就会从内心的深处去研究喜欢的事物，才会乐此不疲。

一百多年前出了一位震惊世界的神童，他就是卡尔·威特。威特七八岁时，已经能够自由地运用德语、法语、拉丁语等6国语言了，并通晓物理学、化学，尤其擅长数学。9岁的时候，他就考入了莱比锡大学。未满14岁就被授予哲学博士学位。两年后，又获得了法学博士学位。取得这样的成绩是与他父亲良好的教育分不开的。

也许有人以为小威特的生活除了坐在书桌前面，其他什么也不干，实际情况并非如此。用他父亲的话说，威特坐在书桌前的时间比任何一个儿童都少。他把大量的时间尽情地花费在了玩耍和运动上，是一个非常健康活泼的孩子。

能够让自己的孩子既轻松愉快又学到如此丰富的知识，老威特有自己非常独特的教育方法。威特父亲的教育秘诀在于唤起孩子学习的兴趣。他不使用填鸭式灌输知识的方式，而是首先唤起威特的兴趣，然后适应其兴趣进行恰到好处的教育。

天才都是对某种事物怀有强烈的兴趣和满腔的热情的人。而凡是仔细观察过孩子的人都会发觉，幼儿只要不是傻子和白痴，他们都极易对事物产生兴趣和热情。也就是说，幼儿天然就具有对某些事情或某一方面的强烈热情，他们一旦对某些事情或某一方面入了迷，就会以惊人的勤奋和毅力去做。当他们步入这一轨道，就会遵循雷马克所说的"使用就会发达"的规律，使其能力得到惊人的发展。

小威特长到三四岁时，父亲每天都要带他散步一两个小时。但是这种散步不只是简单走走，而是一边同威特谈话，一边教育。比如有时在散步时老威特会摘一朵野花解剖一下，向小威特讲解花的生长特点和作用；有时在花园里捉个小虫，教他有关昆虫的知识。就这样他通过一块石头、一草一木等实用素材来对小威特进行最生动的教育。

父亲从威特3岁半时就已开始教他认字，但这决不是强迫性的。不管教什么，首先必须努力唤起孩子的兴趣。只有当孩子有了兴趣时，才会开始教。

为了教小威特认字，父亲也使用了一些小孩还无法识破的"小伎俩"。如他给小威特买来小人书和画册，非常有趣地讲给他听，用一些鼓励性话语来激发他幼小的心灵，像"如果你能认字，这些书你都能明白"之类的话语。有时，他则干脆就不讲给他听，故意对他说："这里面的故事非常有趣，可爸爸没有工夫给你讲。"这样反而激发和唤起了小威特一定要识字的想法和心愿，待他有这种强烈的认字欲望后，老威特才开始教他识字。

威特父亲的教学方法与现在学校的方法也是不一样的。他首先去打字行，买来10厘米见方的德语字母印刷体铅字、罗马字和阿拉伯数字各10套。然后把这些字都贴到10厘米见方的小板上，以游戏的形式教字。当然先从元音教起，接着以"拼音游戏"的形式在玩耍中教小威特组字。这样做的目的，就是为了培养小威特对学习的兴趣，而不会让他觉得学习是种负担。

老威特希望天下的父母明白，爱护和激发孩子的兴趣是十分重要的。

俄国文学家列夫·托尔斯泰也十分注意培养孩子的学习兴趣，尽管他写作的时间非常宝贵，但是他从没忘记将部分时间奉献给孩子们，给他们讲故事，为他们绘画，回答他们提出的各种问题。

托尔斯泰并不是花时间给孩子强行灌输知识，而是根据孩子们的爱好和兴趣为他们服务。有一时期，孩子们对科幻作家儒勒·凡尔纳的作品很感兴趣，托尔斯泰就一本又一本地讲给孩子们听。他发现《八十天环游地球》这本书没有插图，为了帮助孩子们理解，进一步激发他们的兴趣，他竟然每天晚上用鹅毛笔亲自为这本书绘制插图。托尔斯泰的时间是宝贵的，但是他认为时间花在提高孩子的学习兴趣、激发孩子的求知欲方面是值得的。

为了提高孩子的学习积极性，充分发挥孩子的潜能和才智，使孩子在学习上有好成绩，就必须提高孩子对学习的兴趣。然而，有许多年轻的父母，不知道如何来提高孩子对学习的兴趣。现在将英国儿童心理学家博茨勒博士的建议，摘抄如下，供父母们参考。

◎ 尝到甜头

要提高孩子的学习兴趣，先要使孩子尝到成功的滋味，孩子一旦灰心失望就永远不会有进步。比如，孩子的语文好而数学差，在做功课时，就先让他做语文作业，然后再做数学作业，如果程序相反，不仅数学作业做不好，而且连语文也不会有所进步。在做数学作业时，也要让孩子先做些简易的题目，以增强信心，然后再让他做些较难的题目。

◎ 欲速则不达

常言道：欲速则不达。要激发孩子的学习兴趣，父母要避免急躁情绪，不能操之过急，不能强迫孩子学习。如果逼得太紧的话，孩子就会变得焦躁、不耐烦，潜意识中会产生反抗情绪，因而变得善忘，会一下子把刚学的东西全部忘掉。

◎ 要多鼓励

对于孩子的好表现和好成绩，父母不要吝啬使用赞美之词。因为称赞对孩子会起很大的鼓励作用。对于孩子的错处，不要过多批评，因为过多批评，会令他情绪低落，而犯更多的错误。以表扬为主的教育方式，对提高孩子的学习兴趣也有一定的作用。

◎ 防止反抗

防止孩子产生反抗心理，尤其是防止产生逆反心理，是父母教导孩子学习必须要注意的问题。如果孩子产生了反抗心理，连进取心都没有了，哪里还谈得上有学习兴趣。一般来说，将孩子与别人相比较，往往会使孩子产生反抗心理，容易促使孩子自暴自弃丧失进取的动力。

◎控制时间

由于孩子注意力集中的时间不长，如7岁的孩子在家一次连续做功课的时间不要超过半小时，8~11岁的孩子不要超过50分钟。如果做功课的时间较长，中间一定要有10分钟左右的休息，让孩子舒展筋骨。如果孩子功课做完了的话，应该给他小小的奖励。有些年轻父母不了解孩子注意力集中的时间长短，不根据孩子对事情能高度集中的时间来安排孩子做功课的时间，有的强迫孩子长时间坐在书桌前做功课，中间不让休息、活动。结果不仅对孩子的健康不利，而且，还使孩子对功课产生厌烦情绪，更谈不上提高孩子的学习兴趣了。

◎刺激求知

要激发孩子的学习兴趣，就要不断地刺激孩子的好奇心和求知欲。为此，父母应该常带孩子去参观博物馆、动物园和图书馆等等。

◎吸收教训

在孩子做功课时，不要让孩子依靠父母的帮助来解决困难，而要让孩子自己从经验中吸取教训。例如有困难的时候，要采取积极的态度去鼓励孩子独立思考，不使孩子养成依赖性，更要使孩子明白做功课是他自己的责任。

◎做好榜样

要使孩子对学习发生兴趣，父母必须做孩子的榜样，先要让孩子知道父母很喜欢看书，求知欲很强，并且不断地学习，等等。

虚心好问——问是学之师，知之母

有一年，中国中学生到国外参加一项奥林匹克竞赛，成绩十分喜人，获得的金牌数量和奖牌数量，都名列参赛各国首位。

赛后，竞赛组织者请出了出题的专家、教授，跟这些参赛的各国中学生见面，希望选手们向专家、教授提问题。

除中国选手外，其他国家的选手都十分踊跃。有的国家的中学生指出，出题者在某题上的思路不对，没有现实意义，如果改造一下会更好；有的咨询某方面问题的最新科研成果、发展方向；有的拿出自己的题目让专家、教授来解答。

而获得金牌和奖牌最多的中国学生，却在旁边默不作声。不是他们英语过不了关，其实他们参赛前都经过英语的培训，都有非常好的口语。而是中国学生平时的注意力以及竞赛时的注意力，全部集中在解答专家们的题目上了，没有胆量、没有心思去想专家的题目还会存在什么问题，于是提不出问题，就干脆不开口。

俗话说："问是学之师，知之母。"现实生活中，我们每一个人不可能事事都通，许多问题对于我们来说都是一无所知，即便是学习成绩优秀的学生，也不一定什么事都比别人知道得多。有问题并不可怕，怕的是不问。

美籍华人李政道教授一次在同中国科学技术大学少年班学生座谈时指出："为什么理论物理领域做出贡献的大都是年轻人呢？就是因为他们敢于怀疑，敢问。"他还强调说："一定要从小就培养学生的好奇心，要敢于提出问题。"

在现实中，我们发现，当孩子长到三四岁时，他们向大人提出的问题也开始越来越多，而且千奇百怪。但是大多数父母不仅不为孩子们的提问感到兴奋，相反倒觉得厌烦不已。他们对孩子所提出的问题大都是随便敷衍一下，并不给予耐心的说明和解释。正是他们自己使孩子的潜在能力枯死，而到孩子上了学才大惊小怪地叫嚷："为什么我的孩子成绩这样糟糕呢？"但这些父母从来没有对自己的行为进行过反省。

看看威特父亲是怎么做的吧！当小威特提出问题时，他总是给予鼓励，并耐心地回答，决不欺骗威特。在教育上，威特父亲觉得再没有比教给幼儿错误的东西更为可恶的了。在给孩子解答问题时，威特父亲的说明并不是难懂的，而是充分考虑到孩子在现有知识下，是否能完全加以接受。

更难能可贵的是，当小威特问到连自己也不懂的问题时，威特父亲就干脆老实地回答说："这个爸爸也不懂。"于是两个人就一起翻书，或者去图书馆查阅资料。从而也给小威特灌输了追求真理的精神。在给小威特的教育中，他坚持竭力排斥那些不合理的和似是而非的知识。

千万不要不经意就扼杀了孩子好问的天性，作为家长应该注意从小培养孩子虚心好问的习惯，我们可以从以下几个方面进行培养：

◎ **向老师质疑、发问**

没有弄懂问题时，不要得过且过，羞于开口，要善于发问，大胆发问。如果孩子平时有不敢问、不善问的缺点，就鼓励他去问。一旦有些问题是通过问询教师、同学得来的答案，父母要给予鼓励。

◎ **通过名人故事启发孩子大胆质疑、发问**

给孩子讲一些著名人物不迷信权威、不盲信书本的生动故事，启发孩子大胆质疑、发问。

◎ **可以找一些有错误的书刊，鼓励孩子找出错误**

比如一些名人的书中有不少文字、语法、典故、常识方面的错误，引导孩子把它们找出来，试着给名人写封信，指出他们的错误。

◎ **逐步提高孩子所提问题的质量**

一段时间后，提醒孩子，不要滥问一气，要深思熟虑后再问。

勤于思考——聪明的小高斯

德国数学家高斯，是近代数学奠基者之一，在历史上影响之大，可以和阿基米德、牛顿、欧拉并列，有"数学王子"之称。

高斯非常善于思考，这种良好的思维习惯在他小时候就已经表现出来。高斯的父亲是泥瓦厂的工头，每星期六他都要发薪水给工人。在小高斯3岁时，有一次当他正要发薪水的时候，小高斯站了起来说："爸爸，你弄错了。"然后他说了另外一个数目。原来小高斯趴在地板上，一直暗地里跟着他爸爸计算该给谁多少工钱。重算的结果证明小高斯是对的，这把站在那里的大人都惊得目瞪口呆。

小高斯10岁时，有一次他的数学老师让他们全班解答一道习题：立即计算出"1＋2＋3＋……＋100=？"的答案。这个题目在今天来看早已不算难题，可是在那个时候、那个场合，对于一群小学生来说，还真不容易。要算出这么长的算术题耗时不少，孩子们都想争取第一个算出来，立刻在草稿纸上做了起来。

只有小高斯还没有开始动手，不是想偷懒，也不是发呆，他在想，难道一定得经过这么复杂的计算过程吗？从客观上说，他在进行思维的谋划，谋划的目的是要寻找一种能够成倍提高思维效率的策略，这个过程花去了相当于其他同学进行加法计算的二分之一的时间。

这时候，老师看见了他，走上前来问他怎么了，为何还不开始计算。小高斯说他已经知道答案了，是5050。老师十分诧异，问他是否提前做过这道题。小高斯于是告诉老师，他通过观察发现这一组数字中1加100等于101、2加99等于101……这样的等式一共有50个，因此这道题可以化简为"101×50=5050"。

"真是太精彩了！"老师赞扬地说。

这种"精彩"并不取决于孩子的智商。事实上，小学生的智力与学业成就的相关系数只有0.21，它应该取决于孩子良好的思维习惯，使智力的潜在能力得到了充分发挥。认真的思考虽然为孩子解决问题的过程增加了一个环节，却使解决问题的时间缩短了很多倍，大大提高了学习的效率。

小高斯进行思维的谋划花去了相当于别人解题所耗时间的一半，然而计算出"101×50=？"只需要1秒钟。从这里边，你难道还看不出善于思考的优势吗？

养成认真思考的学习习惯对孩子们是非常重要的，它可以帮助孩子加深对知识的理解和记忆，把零散的知识点联结成有机的整体，从总体上把握知识体系，提高学习质量。养成认真思考的学习习惯，有利于对书本知识批判地吸收，可以防止"死读书"，从层次上提高了个人的学习能力。养成认真思考的习惯还可以不断解开疑团，激发灵感，从而有所发现，有所发明，有所创造。

父母怎样才能使孩子养成明辨善思的思考习惯呢？儿童教育专家认为，作为父母创造出一种"家庭思考环境"非常重要，其具体做法是：

◎**父母应注意引导孩子对思考采取认真的态度**

聪明的孩子可能懒于思考，因而他们对任何东西都会不加思考地发表看法，对此应引导他们认真思考。

◎**培养孩子独立思考越早越好**

小孩子往往有千奇百怪的想法，要引导孩子自己去思考，而且独立思考的时间越早越好。

◎**随时给孩子出一些思考问题**

无论是带孩子上博物馆，还是陪他们看书看电影，父母都可提一些问题，启发孩子进行思考。

◎**全家参与**

家长在一起谈论问题时，即使年龄很小的孩子，也会有自己的看法，这时可以鼓励孩子参与进来，提出问题或想法。

◎**对问题要全面思考**

教育孩子无论对什么事物进行思考，都要考虑到它们的优缺点，是否有吸引力，有无参考价值等等。对事件则要考虑它的短期、中期和长期的后果。

◎**善于归纳，举一反三**

孩子在学校里就是将一点一滴的知识聚集起来，把所学的知识归纳之后，要善于把普遍的规律应用到别的事物上。

科学用脑——用脑也要讲卫生

脑科学研究结果表明，人的大脑在理论上的信息储存量，高达5亿本书的内容。大脑的潜能，几乎接近于无限。但是，到目前为止，人类普遍只开发了大脑的5%，仍有巨大的潜能尚未得到合理的开发。换一句话说，一个人的大脑只要没有先天性的病理缺陷，就可以说他拥有可以成为天才的大脑，只要大脑的潜能得到超出一般的合理开发，他的能力就不会比爱因斯坦逊色。

但是，大脑潜能的开发，并非一蹴而就，如果"拔苗助长"，结果只能使孩子用脑过度，甚至发生悲剧。

丹麦神童海内肯就是前车之鉴，他4岁就撰写了《丹麦史》，此举一度引起了全世界的震惊。正当人们津津乐道地谈论他的聪明才智时，突然传来由于大脑负担过重，4岁半的海内肯脑力衰竭，最终不幸夭折的噩耗。诸如此类的例子，不胜枚举，许许多多的天才儿童，一夜之间名扬四海，不久就销声匿迹，或者传出不幸的消息。

作为家长，不必羡慕别人家出了个天才儿童，其实自己的孩子也拥有与天才儿童一样的大脑；而当一些天才儿童不幸夭折时，家长应该在培养自己孩子时借鉴其经验教训，千万不要使儿童用脑疲劳，要让孩子养成科学用脑的好习惯。

家长们应该认识到：开发大脑不等于掠夺式地使用大脑，"头悬梁，锥刺股"并不是一种科学的学习方式。"刀不磨不快，脑不用生锈"也是一种错误的用脑观念，不值得提倡。

脑科学研究成果表明，在脑疲劳的状态下，人就会出现头昏脑涨、记忆力下降、反应迟钝、注意力分散、思维紊乱等心智活动难以正常进行的恶性反应。同时，长期脑疲劳，还会出现失眠、恐惧、焦虑、健忘、抑郁等症状，有的甚至会危及生命。

由此可见，脑疲劳不仅不能开发大脑，而且还会严重地影响到人的智力潜能的正常开发。过度的脑疲劳，还会导致心脑血管及精神疾病，严重地损害人的身心健康，这是广大家长所不愿看到的。

那么怎样的用脑方法才是科学合理的呢？相信每个家长都希望自己的孩子有一个聪明的头脑，可是常找不到使自己孩子更为聪明的切实可行的方法。让孩子养成科学用脑的习惯，家长可以采取以下方法：

◎**不宜长时间地使用大脑**

心理学研究发现，健康儿童连续用脑30分钟，血糖浓度在120毫克以上时，大脑反应快，记忆力强；连续用脑90分钟，血糖降至80毫克，大脑的功能尚正常；连续用脑120分钟，血糖降至60毫克，反应迟钝，思维力较差；连续用脑210分钟，血糖就会降至50毫克，这时便会头昏、头痛，会暂时失去工作能力。因此，不宜长时间地使用大脑。一般认为，小学生一次做功课或看书学习的连续时间不宜超过半小时至1小时。

◎**宜五官并用、手脑并用地参与学习**

有人发现，学习同一内容，如果只用视觉，可接受20%，如果只用听觉，可接受15%，如果视听并用，可接受50%，这一发现说明，学习时使用多种感觉器官，可明显提高学习效率。

◎**宜将不同的学习内容错开进行**

孩子在进行学习时，不同的学习内容，会在大脑皮层的不同区域形成兴奋点。如学习算术，可在大脑皮层的某区域形成一个兴奋点；学习英文，可在大脑皮层的另一区域形成一个兴奋点。因此，倘若长时间学习同一内容，则必然会使大脑皮层某一区域的神经细胞负荷加重，如果能交错学习不同的内容，可使大脑皮层不同区域的神经细胞轮流工作，使神经细胞获得充分休息，以更好地学习。

◎**宜充分利用"最佳用脑时间"**

每个人每一天都有一个最佳的用脑时间，有的孩子早晨脑子特别灵敏，

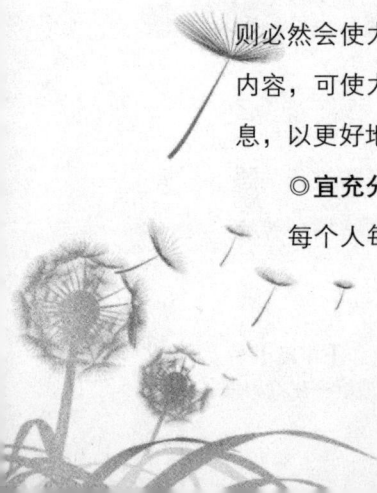

记忆力最好，而有的孩子则晚上头脑最清醒，学习效果最佳。家长应了解并充分利用孩子的"最佳用脑时间"，以提高孩子的学习效率。

◎ **保持充分的睡眠**

睡眠是大脑的主要休息方式，充分睡眠才能使人脑消除疲劳，保证大脑正常工作。因此，家长应安排好孩子的睡眠时间，应使孩子睡得足、睡得好，且不让孩子熬夜，以免影响孩子的健康。

◎ **注意体育锻炼和体力劳动**

体力劳动可以促进脑细胞新陈代谢，消除大脑疲劳，尤其是体育锻炼，可以提高神经系统的反应能力和灵活性，有助于孩子提高视力、听力、观察力和思维能力。

家长要教育孩子不能忽视体育锻炼和体力劳动，更不要把学习同体育锻炼及体力劳动对立起来，以为锻炼身体和适当参加体力劳动是浪费时间，会影响学习，殊不知这恰恰是孩子科学用脑的重要方法之一。

◎ **宜饮食合理，营养充足**

孩子在紧张地学习时，会消耗大量的营养物质和氧气，如果得不到及时的补充，大脑就会受到损害。合理的饮食，充足的营养，丰富的蛋白质、维生素和矿物质可保证大脑神经细胞的正常代谢的需要。因此，儿童宜进食适当的动、植物蛋白质，如肉类、禽类、海鲜、豆制品等，还要适当多食新鲜蔬菜、水果，以补充维生素和果糖。

◎ **提供良好的学习环境**

大脑是耗氧最多的器官，充足的氧气可以提高大脑的工作效率。因此，要注意空气新鲜，经常开窗换气。

心理学的研究表明，光线的明暗会影响孩子的判断能力，明亮的光线可使人清醒。

◎ **给孩子以空间和时间**

要解放孩子的空间，让他们从"三点一线"中解放出来，尽可能多地接触社会，认识社会，适应社会。表面看来，这样做学习时间似乎少了，但实际上孩子学习的内容多了，智力发展快了，学习热情高了，这一点常被许多家长误解或忽视。

关于科学用脑的原则还可以举出多种，但中心只有一个，就是必须按照人脑活动的规律办事，不能违背用脑卫生。

乐于想象——蓝色的苹果

当孩子根据神话或传说中的故事情节，去扮演骑士或英雄，或者模仿小鸟飞翔，父母千万不要去阻止或嘲笑他们，因为这正是孩子想象力的表现。培养与发展想象力很重要，大科学家爱因斯坦说："想象力比知识更重要，因为知识是有限的，而想象力概括着世界的一切，推动着科学发展、进步，并且是知识的源泉。"幼儿期是想象力发展的重要时期。

如果一个人在幼年的时候，想象力得不到发展，那么他非但不能成为诗人、小说家、画家，而且也难以成为出色的法官、建筑师、科学家。尽管有人认为后者用不着想象，但事实是：想象对于任何人都是必要的。

人类的幸福有一半以上来自想象力，不会想象的人很难拥有真正的幸福。贝鲁泰斯曾经说过："想象是人生的肉，若没有想象，人生只不过是一堆骸骨。"凡是年幼时充分发展了想象力的人，当他遭遇不幸时也有能力体验幸福；当他陷入贫困时也有能力感受快乐。可以说，世界上最不幸的人是不善于想象的人。

想象力既然如此重要，那么，我们应该如何培养孩子的想象力呢？父母不要指望依靠抽象的说教培养孩子的想象力，这项工作只有在具体的活动中才可以有效进行。并且，对于越是幼小的孩子，这一点就越发明显。让我们来看看著名教育家卡尔·威特牧师是怎样保护小威特的想象力的。

有一天，卡尔·威特的一位老朋友来家做客，他看见小威特正在用蓝颜色的笔认真地画着一个大大的、圆圆的东西。

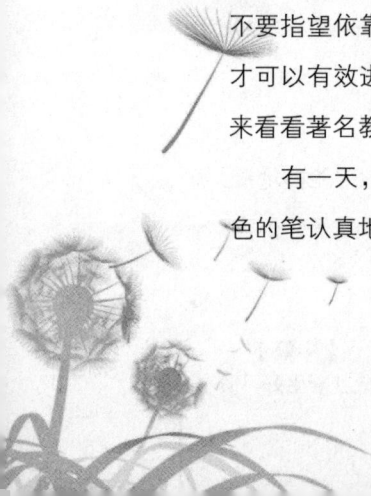

朋友问小威特："孩子，你画的是什么呀？"

小威特回答："一个大苹果。"

朋友又问："可是，你为什么要用蓝色呢？"

小威特回答："我想应该用蓝色。"

朋友对卡尔·威特说："老朋友，你应该教教孩子。他想把苹果画成蓝色的，你该告诉他这是不对的。"

卡尔·威特竟对朋友的"忠告"十分惊讶，反问这位朋友："为什么一定要告诉他该用红色呢？我认为他画得很好，说不定他以后真的会培育出蓝色的苹果呢！至于现在的苹果是什么颜色，他吃苹果的时候自然会明白的。"

是的，父母在孩子的生命中，充当的角色不是去扼杀孩子的想象力，而是给他们自由想象的空间。

那么父母应该怎样呵护孩子的想象力，并培养孩子善于想象的习惯呢？我们有以下几点建议：

◎扩大孩子的知识经验，增加表象储备

创造需要原材料，没有相应的表象储备，有关的新形象是创造不出来的。因此，作为家长应让孩子从小尽可能多地接触自然、接触社会、接触人世间的万事万物，以使孩子对尽可能多的事物产生基本的认识，在未来的想象活动中，使孩子拥有更多的事物形象参与思维过程。

◎重视和支持孩子的游戏

游戏是孩子的主要活动，每个孩子都喜欢游戏，在游戏中孩子的想象力能够得到很大的发展。我们常常可以看到女孩抱着娃娃、男孩坐在小木凳上开车，这时也是他们想象最活跃的时候，他们完全忘记了自己，而沉浸在妈妈、司机的角色中。因此，孩子游戏玩得越好，想象力的发展也越好，父母应重视和支持孩子做游戏。

◎讲一些孩子喜闻乐见的故事

孩子在听故事时，想象力特别活跃，他们头脑中不断出现故事中的人

物、情景，想象着以后的情节。故事讲完了，有时孩子对结局感到满意，但有时他们不喜欢这样的结局，于是他们想象着新的结局，在这一过程中孩子的想象力得到了发展。

◎培养孩子绘画、音乐方面的素质

绘画或听音乐、弹奏乐器是孩子眼脑手密切配合、多种心智机能同时参与的智力活动，它可激发孩子的观察力、记忆力和想象力。比如在绘画中，他们把自然界的星空浮云、花草树木、飞禽走兽等，都想象成和人一样富有喜怒哀乐的情感，他们的想象是丰富、奇特而大胆的。

善于观察——达尔文的秘诀

善于观察是一个非常好的习惯，是孩子们认识事物的重要途径，是智力活动的基础，是完成学习任务的必备能力。然而，很多孩子都没有这种好习惯，他们只是感觉到了，但并没有把这些信息传递给大脑，将信息加工和过滤。结果，在观察事物时，就不能真正理解它们的意义。只有用积极的心态去观察，用开放的眼光看世界，才能得到需要的东西。

达尔文曾自我评价说："我既没有突出的理解力，也没有过人的机智。只是在察觉那些稍纵即逝的事物及对其进行精细观察的能力上，我可能在众人之上。"

杜邦公司化学家卜莱克博士做了一次实验。打开试管后，他没有看到自己希望得到的东西，看来实验失败了。但是，他并没有像其他人那样随手把试管丢掉，而是仔细地观察试管，觉得里面好像有一种东西，但又没有看到。他觉得很奇怪，就放在天平上称了称这个试管，结果发现它比同型号的试管要重些。他更好奇了，又仔细地观察了之后，他发现了非常透明的聚四氟乙烯。这种物质日后为杜邦公司创造了很大的财富。

在孩子的学习和生活中，也同样要学会观察。孩子良好的观察能力，是

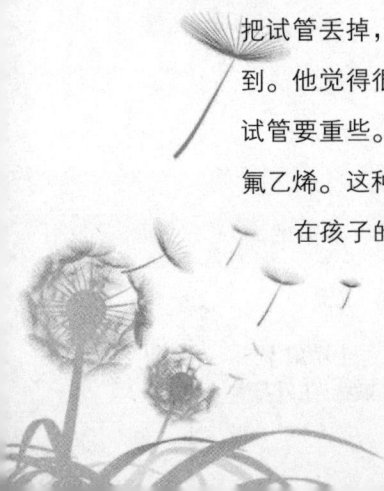

提高整个学习能力的重要途径，更是孩子认识世界，增长知识的重要途径。实践证明：学生观察力的强弱对学习的好坏有直接影响。如在语文拼音、识字教学中，有些拼音、生字的写法和字形只有细微差别，观察力较强的孩子一眼就能看出来，而观察力较差的孩子就常把它们认错或写错。

那么，家长应怎样帮助孩子培养起善于观察的好习惯呢？

◎**应该向孩子明确地提出观察的目的、任务，教给他们观察的方法**

比如观察一个字，观察力强的孩子能很快地把生字中的熟悉部分看出来，或把形近字、音近字之间的细微差别区别清楚。观察景物，要有远近、里外、上下、左右、前后的顺序。观察的目的决定了观察的方法，这好比木匠看木头，先看木头的长和粗；用木头烧火的人，先看木头的干湿；森林生态学家看木头，先看木头的年轮和想象它的生长过程。

◎**应该培养孩子观察的主动性，尽可能让孩子多参加活动**

比如星期天带孩子外出参观游览，都要让孩子带着观察的任务去进行活动。

◎**指导孩子观察时，注意启发将观察与想象紧密结合**

恰如其分的想象，会使观察插上翅膀，意境更加广阔。

◎**创造条件为孩子提供观察自然和观察社会的机会**

比如，观察星空，观察大树，观察小猫、小兔，观察市场上的繁荣景象，观察大街上一幕幕热闹的场面……这对于促进孩子的智力发展，提高学习效率，都有重要作用。

积极创造——所有的问题都不止一个答案

"第一个把姑娘比作鲜花的人是天才，第二个把姑娘比作鲜花的人是庸才，第三个把姑娘比作鲜花的人是蠢才。"可见，优秀的人之所以优秀，就在于他们习惯于从新的角度去观察问题。

孔子说："举一隅不以三隅反，则不复也。""举一反三"也说的是一种创造性思维，不能举一反三，则不能做到知识的融会贯通，学习便成了"死读书"。

一个学生的学习能力在很大程度上取决于其学习的创造性。创造性不是天赋决定的，它的获得完完全全来自后天学习与生活实践中的有意识的培养。每一个孩子都有可能通过系统的、持续的思维训练，具备超凡的创造力。

东东是个聪明但很顽皮的孩子，在学习上，他从不认为一道题只有一个答案，而是尽可能地找出更多的答案。

一次物理考试中，其中有一道题是"如果给你一只气压计，你怎样才能用它测量出一座大楼的高度？"由于快要交卷了，于是这个顽皮的男孩索性在试卷上写道："把气压计系在绳子的一头，从楼顶放下去，只需要测量它到达地面时绳子的长度就行了。"

物理老师阅卷时被这个颇具创意的答案气炸了。东东被叫到办公室，老师问他："这是你做出的答案？你没细心读题吗？本题是问你'怎样使用气压计'。"

"好吧，老师，请再给我一些时间，我一定能找到更好的答案。"

第二天一早，男孩竟主动找到物理老师，说他发现了好些"切实可行"的测量方法，算起来居然有十多种。

老师十分诧异地看着他，问道："你究竟找到了哪些方法呢？"

"比如，可以像普罗塔哥拉测量金字塔的高度那样，使气压计直立于地面，当太阳光下影子的长度与气压计高度相等时，测量地面上大楼影子的长度就能得出大楼的高度。"

"另外，我还可以把气压计当重物，利用动滑轮将它吊到楼顶，用绳子的长度除以2。"

"还可以尝试把那只气压计干脆从楼顶上扔下去，利用重力加速度计算出自由落体坠落的高度。"

......

东东一口气说完了十来种方法，老师听了问道："你既然可以想出这么多的'花招'，怎么就没有思考过我为什么一定让你使用气压计？"

学生笑了："其实我明白，您是要让我通过地面和楼顶的大气压差来得出答案。"

"对啊，你既然知道，为什么不早说呢？"

"我不愿意跟别人一样，这个答案太平常。"

"是想标新立异吗？"

"不是，是我发现所有的问题都不止一个答案。"

东东的这种创造性思维是在父母培养下养成的习惯，他的父母要求他解决每个题目要想出5种解答方法，而他却要求自己想到更多。

试着寻找新的答案，这正是创造性思维区别于常规思维的一个重要特点。只有超越常规与传统，你的探索才会更有价值。

对于一个学生来说，只靠简单的重复劳动取得自身学业的成功是极为困难的，只有不断开动自己的脑筋，坚持创造性学习，才能把书读好、读活，才有可能在学习上取得突出的成绩。

那么，我们该如何培养孩子创造性学习的习惯呢？做父母的不妨尝试如下方法：

◎ **为孩子创造良好的环境气氛**

为了使孩子能自由活动，安心畅想，父母要为孩子提供友好的、愉快的、有鼓励性的、具有良好的心理气氛的环境。即使父母不同意孩子的想法和愿望，也应该让他明白：爸爸妈妈对这些想法和愿望还是重视的。应该鼓励孩子和父母对一些事情展开讨论。所谓良好的心理气氛，最重要的是尊重孩子，珍惜孩子的独创性，鼓励孩子从不同的角度思考问题。

◎ **父母要为孩子提供能够发挥创造性的环境**

孩子往往在游戏、绘画、听音乐或讲故事等活动中，在心情愉快时，迸发出创造性。因此给孩子足够的自由活动时间、空间和进行各种活动的材料，是促进孩子创造性的必要条件。如果条件许可的话，父母最好在家里给孩子一个能自由游戏、阅读、活动的小天地，在活动中父母可适当地给孩子以启发。因为孩子在游戏中的试验、实践、发现问题的过程，正是他学会思考的最佳时机。

◎父母还要教孩子学会思考

因为发展思维能力是培养创造性的核心，所以要培养孩子学会思考、善于思考，让孩子在思考问题的过程中发展思维能力和创造力，启发孩子自己提问题。当父母碰到孩子提的问题一时难以解答时，千万不要厌烦或简单化处理，最好是告诉孩子：这个问题我也不清楚，等我查了书后告诉你。而且要说到做到，这样也会传递给孩子一个信息：看书能学到知识。

◎父母要利用一切机会和孩子交谈，通过交谈来激发孩子的思考

在和孩子交谈时，要尽量谈一些有利于孩子独立思考的问题，而不是代替孩子去思考。当孩子碰到问题时，父母可提一些具体建议，启发孩子动脑筋想办法。

专心学习——撞大树的陈景润

我国伟大的地质学家李四光工作时非常专注。有一天，时间已很晚了，李四光还没有回家，女儿到办公室来叫他回家吃饭，谁知他却一边专心地工作，一边亲切地说："小姑娘，这么晚了还不回家，你妈妈不着急吗？"等到女儿再次喊："爸爸，妈妈让你回家吃晚饭了！"他才抬头，不由得笑了，小姑娘不是别人，正是他自己的宝贝女儿。

我们也都听说过，我国大数学家陈景润一边走路一边想他的数学问题，不知不觉中和什么东西撞上了，他连声说对不起，却没听到对方的反应，抬头一看，原来是棵大树。

为什么这些大科学家会发生这样的事呢？原因很简单。因为他们一心想

着自己热爱的科学上的问题，对他们所思考的科学问题头脑清晰，对于这些问题之外的事情一点也没考虑，没有在意。这就是他们闹笑话的原因。

学习专注是所有学者的共同特征。事实证明，专心可以集中精力，调动整个大脑神经系统来解决问题，高效率地完成任务；分心就会降低学习效率，甚至对本来可以弄懂的问题感到迷茫。每个孩子的头脑里都有着专注的成分，只不过引导上的差异导致了后天在这方面的差距。

教育家卡尔·威特就非常注意培养儿子专心学习的习惯。

卡尔·威特严格地规定儿子的学习时间和游戏时间，以培养他专心致志学习的习惯。在小威特学习功课时，卡尔·威特决不允许有任何干扰。开始时，平均每天给他安排15分钟的学习时间。在这个时间，小威特如果不专心致志地学习，就会受到父亲的严厉批评。

在学习中，即使妻子和女仆人问事，他也一概予以拒绝："小威特正在学习，现在不行。"客人来访，卡尔·威特也不离开座位，并吩咐道："请让他稍候片刻。"卡尔·威特是如此用心良苦，就是为了培养小威特在学习时具备一种严肃认真、专心致志的习惯。

小威特每天只花费一两个小时的时间在学习上。正是由于在学习时专心致志，效率极高，他赢得了很多时间从事运动、休息和参加社交等。

只有做事时专心致志，孩子才能取得成功。要想提高孩子的学习成绩，培养和开发他们的智力，第一步就要注意培养和训练他们的注意力，养成专心致志的习惯。我们给父母们的建议是：

◎保持家中的气氛安定，避免家中太多的人出入

切忌同时买太多的玩具及图书给孩子，以免使他左顾右盼，不知所措。孩子的书桌上除了文具和书籍外，不应摆放其他物品，以免分散他的注意力，更不能允许孩子一边看电视，一边做作业。

◎要求孩子在规定的时间内完成作业

如果作业太多，可以分段完成。另外，研究显示，孩子分心的程度与年龄成反比：2岁的儿童，平均注意力集中的时间长度为7分钟；4岁为12

分钟，5岁为14分钟。孩子年龄越大越会逐渐懂得将注意力放在重要的事情上，而日渐增加专注的时间。因此，判断孩子是否专心，应依据其年龄的专心时间长度，而非依据家长的主观感觉。

◎允许孩子做完一门功课之后休息一会儿，再做其他功课

对于家庭作业，父母要帮他们安排一下，做完一门功课可以允许休息一会儿，不要让孩子太疲劳。有些父母觉得孩子动作慢，不允许孩子休息，还唠叨个没完，使他们产生抵触心理，效果反而不好。

◎合理安排学习内容的顺序

研究表明，开始学习的头几分钟，一般效率较低，随后上升，15分钟后达到顶点。根据这一规律，可建议孩子先做一些较为容易的作业，在孩子注意力集中的时间再做较复杂的作业，除此，还可使口头作业与书写作业相互交替。

勤于动笔——好脑子不如烂笔头

当今时代是信息爆炸的时代，我们每天可以获取的各种信息实在太多，而人脑的记忆功能毕竟有限，如不及时做好笔记，看到的、听到的就会如过眼云烟，一段时间过后，很难找回当时的记忆。如能及时做好笔记，需要的时候一翻即得，说话就能滔滔不绝、出口成章，写文章就能引经据典、一气呵成，即所谓的"厚积薄发"。

说到勤于动笔，大家应该会很容易联想到一些成功的大作家，他们也有这样的习惯，例如一些作家随身带着卡片，忽然间来了灵感，或者有好的想法时，就立刻记下来，这样越积越多，到进行文学创作时，就会有很多卡片能被用上。还有些学者有记读书笔记的习惯，每读一本书时，爱记下其中一些好的句子，或者对其中一些东西发表议论和看法，长时间坚持不懈地这样做，终会成功。

有一位我们十分熟悉的作家，他的床单上、桌布上、雪白的墙壁上都密

密麻麻地写满了让人似懂非懂的文字。当然，孩子随时记录的行为不会这样夸张，但让他们随身带上纸笔，总不是一件坏事。许多科学家都有随身携带纸笔、随时记录的习惯。如果那些从事创造活动的科学家没有随时做记录的习惯，那么我们所生活的这个世界的许多文明成果可能就无法产生了。

亮亮有一个习惯，就是勤于动笔。他兜里总是装个小本本或者卡片，出门了，把看到的新奇的事物、景致、自己的感想，都用三言两语一一记录下来。读书时，如果是自己的书，他会在书的边沿写下感想，所谓不动笔墨不读书；如果是借阅的书，他会在自己的笔记本上记录或者摘抄。

即使看电视、读报，亮亮都不会忘记，把一些新奇的词句、事情摘录下来。现在亮亮已经积攒了五个笔记本，卡片也积攒了不少，全都密密麻麻地写满了字。平时积累的大量材料让亮亮写起作文来从不发愁没有材料，在课堂上发言也颇具说服力。

可见，培养孩子勤于动笔的习惯，对孩子的学习、写作能力的提高，以及丰富生活阅历、积累经验都有极大的影响，父母要培养孩子勤于动笔的习惯，可以从这些方面做起：

◎**平时读课外书时，让孩子拿一支笔，打开一个本，边读边动笔**

动笔，可以是做标注，用线段或者符号把他特别感兴趣的词句标注出来。开始时可以先摘抄，不要大段大段摘抄，而是要有选择，选择特别感兴趣的片断。之后，可以是批注，在课外书的空白处，简单批一个词，如"精彩""太妙了""不对"之类，以后可以批注完整的一句话，再往后，可以用几句话，完整地表达自己的意思。总之，一定要做到"不动笔墨不读书"。

◎**外出时，及时把所见所闻和感想记录下来**

哪怕非常粗略、非常简单，都要记录，假以时日，就养成习惯了。

◎**养成写日记、记随笔的习惯**

开头时可以非常简单，几个字，不会的字可以用拼音甚至符号，之后是一句话，再之后可以逐渐复杂，写成片断，甚至写成完整的文章。关键是培养习惯。日记、随笔仍然是以片断为主。

◎让孩子随身携带纸笔，把自己脑中闪过的灵感记录下来

孩子的衣兜里随时揣着纸和笔，对他们来说也是一种积极的心理暗示，这仿佛是在告诉他们："你能把随时闪现的想法记下来，你能抓住灵感的翅膀，不让它飞走！"要知道，我们教孩子这样做，对于他们的学习是多么重要。

珍惜时间——时间是海绵里的水

时间就像海绵里的水，只要愿意挤，总能挤出一点点。时间的富翁不是靠年岁的简单积累，而是靠高度的使用效率。

美国著名作家杰克·伦敦在家里的床头、墙壁、镜子上贴了许多小纸条，纸条上面写满各种各样的文字：有美妙的词语，有生动的比喻，有五花八门的资料。总之，当他在家的时候，不管在哪里都可以随时看到这些纸条上面的文字。外出时，他也不轻易放过闲暇的每一分每一秒，把小纸条装在衣服口袋里，随时可以掏出来看一看、想一想。成功人士珍惜时间的例子还可以举出很多，我们可以发现，合理利用时间，是一个人成功的基本要素。

如何有效地利用和管理时间，关系到学习的最终效率。合理利用时间的习惯，是良好学习习惯的重要组成部分，它能帮助孩子把有限的时间合理地投入到无限的学习中去。

举个例子来说，小鹏每天下午5点30分放学，等公共汽车要花去10分钟左右的时间，乘车20分钟，回家需要步行10分钟。吃过晚饭，小鹏要把碗筷洗了，这得用去15分钟。按照老师的要求，他必须收看30分钟的电视新闻。

此外，按照学习计划的安排，他要在开始做当天的家庭作业之前花30分钟左右的时间把全天的学习内容浏览一遍。他有一个习惯，即做所有的事情都有条不紊，做完一件再做另一件。这样，他开始做作业的时候至少已经是8点了。

假如小鹏能够合理安排时间，那么情况就会有很大的改观。他每天从等公共汽车到下车，至少要耽搁30分钟左右的时间，在这段时间里，他完全可

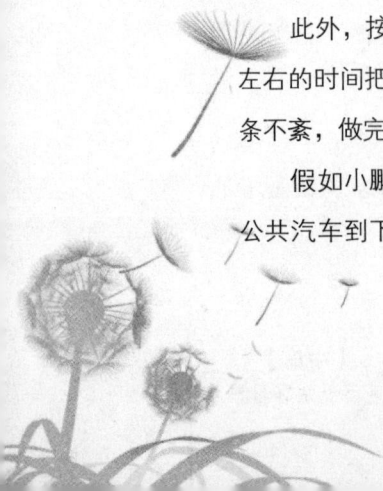

以掏出书包里的课堂笔记把当天的学习内容从头到尾浏览一遍。看电视新闻和洗碗筷，这两件事情也完全可以同时进行，手里的活并不会对收看新闻造成太大的影响，因为大多数时候新闻只需要我们用耳朵去听。这样一来，小鹏就能够在7点30分左右开始做家庭作业。

由此可见，时间管理对提高办事的效率，尤其是提高学习效率，有着十分重要的意义。面对相同的时间，善于合理利用时间的人，会取得更多、更大的收获。

帮助孩子充分合理地利用时间，最大的实现生命的价值，父母需要让孩子在时间的利用上形成良好的习惯。合理利用时间的习惯可以从这几个方面培养：

◎ **指导孩子制订学习计划**

学习计划一般以一个学期为阶段，内容包括本学期的目标和任务、措施、时间上的安排和精力上的分配。如何指导孩子合理地制订学习计划呢？家长应该使他们明确这样的原则。

——既要明确具体又要切合实际。

明确具体的学习计划有利于执行和操作。计划的目标明确、时间安排和措施具体合理，对孩子的学习具有较强的指导意义。但如果对孩子过于苛刻，学习计划的目标定得过高，时间安排过紧，执行不了，便成为一纸空文。这样不仅对孩子的学习没有什么帮助，还会使他们挫伤自己的自信心。所以在指导孩子制订学习计划的时候一定要注意计划的合理性。

——时间的安排上要注意灵活性和机动性。

有个孩子制订了如下计划：6：30起床，6：35～6：45锻炼，6：45～7：15背英文单词，7：15～7：25朗读语文课文，7：25～7：30吃早饭，7：30出发。这样的安排缺乏灵活性，如果某一天的单词量特别大而在7：15不能完成，就必然会使以下的计划都受到影响；同时，此时间表也安排得太满、太死板。

事实上，这样的学习计划是无法长期贯彻执行的。好的计划应该是留有余地、富有弹性的，比如规定6：30起床后花半个钟头左右的时间背单词，花10分钟左右的时间朗读课文，可行性就要大得多。

◎及时调整和修订计划

在制订学习计划的时候，我们不能指望把每一个细节和不可控因素都考虑在内。在计划的执行过程中，如果发现存在问题，要及时调整，在必要的时候还要进行大幅度的修改。我们要让孩子时刻记住这样一点：学习计划不是教条，它应该以适合具体的学习情况和自身实际为前提。

◎善于抓住学习的最佳时机

孩子常常会有这样的感受：在相同的时间段，心境好的时候学习效率高，情绪不稳定的时候学习效率低；在一天当中，早晨和夜间学习效率高，下午和傍晚学习效率低。由于人的心理规律和生理特点会对人的各种能力产生影响，因此，孩子的学习能力的强弱在时间上表现出一种不均衡性。当然，虽然在一般情况下早晨的记性好，但也存在个体差异性，有的孩子更擅长在午休之后进行记忆。

可见，学习的最佳时机的出现没有定数，它取决于孩子的内在与外在诸多方面的因素。学习的最佳时机一旦出现，我们就要善于帮助孩子把握住它。这个时候既定的学习计划可能成为桎梏，家长要提醒孩子注意学习的灵活性，不要成为条款的奴隶。比如，当孩子刚刚听取了某位成功者的讲座，激情百倍地要开始学习英文，我们应该支持他，并鼓励他说干就干，而不要因为现在是下午，可能不利于学习就劝他不如等到晚上。

◎让孩子学会"挤"时间

时间是由分秒积成的，善于利用零散时间的人，才会做出更大的成就来。怎样教会孩子利用空隙时间呢？方法很多。比如，在无所事事的时候不要发呆，找一本书来读；看报纸的时候随手记下一些资料；外出游玩的时候认真观察景物，为写作文收集素材；在口袋里放一些英文单词卡片，有空就拿出来记一记；与同学闲聊的时候和他们讨论一下学习上的问题等等。最关键的是要培养孩子的惜时意识，只要有了这种意识，孩子自己都会去想一些办法把空隙时间利用起来。

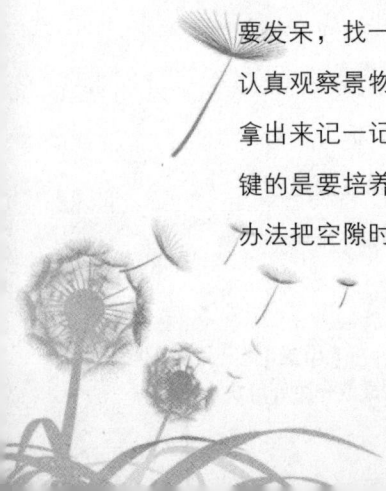

培养良好的生活习惯

很多家长认为，幼小的孩子只要会学习就行了，至于生活的技能，有没有无所谓。这是一种极端错误的想法，这样的教育只会培养出"高分低能"的孩子。

善于自我保护——不要与陌生人搭话

"缺乏安全感"，这是当下人们对于日益复杂、高速发展的社会现实的一种真切感受。同时，由于现在家庭基本只有一棵独苗，家长对孩子的人身安全感到更加忧虑，放学上学要亲自接送，回家后不准独自外出与小朋友玩，只能关在窄小的空间范围内，家用电器、炉具一律不准摸，怕有意外，孩子在家里就像个被捆住了手脚的机器人。

其实，父母这种消极的举动并不能起到实质的作用，关键还是要让孩子自己建立起安全意识。

在所有的意外事故当中，日本人的损失是比较小的，因为日本人很有安全意识。往往一进了饭店，他们就会问防火通道在哪里，一旦发生火灾，知道从哪里疏散。

生活是美好的，但生活中也处处存在着危险。

有项调查发现，60％的事故是发生在家里或者在家的周围。家是人们最放松的地方，往往也更容易出问题。比如时常有报道小孩从楼上掉下来，还有小孩掉进臭水沟淹死的事。如若父母早有良好的保护意识，就不会发生这种事情了。

进入青春期的少男少女，他们觉得自己大了，不再需要父母带着外出了，能独立到商场、活动场所了。可是，别看他们的身体发育已接近成年人，但他们的安全防范意识仍然是普遍不到位，或者是缺乏相关的安全常识。父母不仅应有自我保护及保护孩子的意识，还应教给孩子一些自我保护的常识。

在培养孩子的安全意识上，父母需要做些什么呢？

◎让孩子掌握基本的安全知识

对于小学生，完全可以把一些安全知识教给他们：家用电器的使用和安

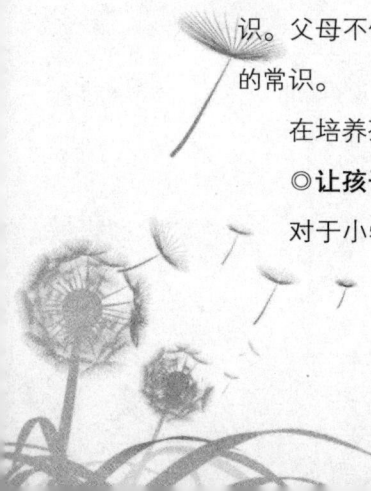

全注意事项；煤气炉具的安全使用；化学物品、药品的标识及使用；如何遵守交通规则；上学放学路上要与同学结伴走，不要随便与陌生人搭话或吃陌生人给的食物；注意保护自己的身体，不能让硬物、锐器损伤身体任何部位等。

儿童天生好奇、好动，不能硬性限制其活动，但一定要让其掌握安全知识，否则后果不堪设想。例如，有一个小学二年级学生，看到灯泡会亮，就自己找来一个灯泡，用金属丝去接电源，结果触电而死。如果事先孩子已懂得用电安全，又怎会发生这类悲剧。

◎教给孩子意外发生时的应急措施

让孩子懂得应急措施非常必要，例如，煤气泄漏时要先切断气源，开窗通风，千万不能马上开灯、关电子打火开关，否则会引起爆炸；遇到意外，会打报警电话110、急救中心的电话120等；懂得一些基本医学知识，如急救止血方法；万一被人强行拐走，要懂得找机会逃脱或找当地公安机关、政府部门等。

曾有这样一篇报道，一小学生被拐走后，被卖到一农村人家里，一天，他趁那家人出去赶集，逃到镇上，找到派出所，最后回到父母的怀抱。

◎培养孩子的自控力

有的孩子也懂得安全知识，但天性淘气、贪玩、贪吃，自控力差，有时玩起来忘了安全，造成自己受伤或损伤别人，或控制不住自己，吃陌生人的东西而上当受骗。因此，父母平时要注意孩子自控能力的培养。

懂礼貌——让你的孩子人见人爱

礼貌是拉近自己和他人距离的一座桥梁，懂礼貌的人容易让别人接受，成为一个受欢迎的人，所以父母们要从小培养孩子讲礼貌。学会礼貌待人是一个潜移默化的过程，不是一蹴而就的。

田恬是个可爱活泼的小女孩儿，比较让妈妈头疼的一点是不懂礼貌。田恬饿了，就会冲着妈妈大喊："我要吃面包。"妈妈为了教会她用礼貌用语，本来听见了，但却故意不理。女儿叫了几声，见妈妈不理，就跑过来问："妈妈你有没有听见我说要吃面包呢？"妈妈说："我听见了，可我不知道你在叫谁呀，你又没有叫'妈妈'。"

女儿笑着说："妈妈，我要吃面包。"

"说得还不对。"

"怎么又不对了？"

"你要说：'妈妈，我想吃面包，请您帮我拿，好吗？'"

女儿重复了一遍这句话后，妈妈才去拿面包。等女儿吃完，转身去玩时，却被她一把拉住说："还没完呢!"女儿瞪着大眼睛说："完了，吃完了!"妈妈说："你还没有说声谢谢呢。""嗯，还要说声'谢谢'？""当然啦。别人帮你做了事，怎么可以不说声谢谢呢？"这位妈妈就是这样一点一点地训练女儿学会使用文明语言的。

也许很多家长都为这样的孩子头疼：周末，客人来家里玩，妈妈对孩子说："快叫叔叔阿姨好。"然而孩子漠然地看了客人一眼，扭头就回房间了，留下尴尬的妈妈和客人。家里来了客人，孩子却这么没有礼貌，真让妈妈觉得脸上无光。

怎么才能培养出一个讲礼貌的孩子呢？如何让自己的孩子成为一个人见人爱的懂礼貌的孩子呢？我们有以下几点建议：

◎做个好榜样

孩子有没有礼貌不是天生的，是后天培养出来的，而且孩子天生就喜欢模仿别人，所以爸爸妈妈在家里的时候要注意自己的言谈举止，注意讲礼貌，给孩子树立一个好的榜样。

比如有客人来做客的时候，要给予热情的招待；接受了别人的帮助以后，要对别人说谢谢；在收到礼物的时候，可以邀请孩子和你一起写感谢卡等。有了你的示范，再遇到类似的情形时，孩子自然而然就会学你的做法。

◎让孩子跟家长一起招待客人

有些妈妈为了不让孩子打扰来访的客人，一般都会把孩子打发到一边，让他们自己去玩。这样做也许能够获得一时的安静，但是可能会影响到孩子的社交能力。他会想：妈妈为什么不让我跟客人一起玩？是不是我做错了什么？久而久之，家里一来客人，他就会自动躲到旁边去。

所以，当有客人来访时，你应该向孩子介绍一下来的是什么客人，再向客人介绍一下你家的孩子，并让孩子帮客人拿拖鞋、拿杯子，千万不能把孩子排斥在外。

◎**设置场景**

有的时候孩子学会了礼貌用语，但是却不知道该在什么场合下使用。本来应该说"谢谢"，可是却说了"阿姨好"。所以家长可以设置一些场景，比如见到外人的时候热情地打招呼，教孩子说"你好"，走的时候教孩子说"再见"。这样既可以提高孩子学习的兴趣，又能够给孩子实际的体验。

◎**不要强迫孩子**

不要认为孩子这么小，就能够掌握在你的手里，他们有自己的个性，甚至有些叛逆。很多家长在孩子没有礼貌的时候强迫孩子，比如有客人来家里，孩子躲着不打招呼，家长就拉着孩子，拼命地让孩子向客人问好，结果会以孩子大哭而告终，这样非但达不到目的，还会产生反作用。

孩子不肯说，可能有很多原因，也许是害羞，也许是不明白为什么要跟客人打招呼……如果孩子就是犟着不肯说的话，家长可以暂时放弃，等到孩子平静了以后，再告诉他："这是应有的礼貌，你去别人的家里，也希望他能够热情欢迎你呀。"让孩子设身处地地想一想，或许能够帮助他理解。

干净整洁，讲卫生——请小手帕帮帮忙

卫生习惯是孩子生活习惯中极其重要的一个部分，它关系到孩子生活的各个方面，对于保持孩子的健康、树立孩子的小小形象都是必不可少的。儿童应该从小就养成讲卫生、爱清洁的良好习惯。

奇奇妈妈是位医生，因为职业的关系，她特别注意培养女儿的卫生习惯。妈妈跟奇奇说："要做个讲卫生、爱清洁的孩子，这样别人才会喜欢你。比如说饭前便后一定要洗手。"

奇奇问："为什么饭前便后要洗手？"妈妈告诉她："因为手每天要碰各种各样的东西，会沾染很多细菌，要是在吃饭前不洗干净，吃饭时不小心把细菌吃进肚子里就会长出虫子来，有虫子，就要去医院打针吃药了。"等她稍大一点儿，妈妈还进一步告诉她，饭前便后洗手可以预防各种肠道传染病、寄生虫病。

每次奇奇洗手时，妈妈都为她准备好肥皂、擦手毛巾，放在奇奇容易拿到的地方。而且交会孩子洗手时要把袖子挽起，以免把衣服搞湿了，并教给她手心手背都要洗，而且耐心地给孩子做示范。

于是，奇奇每天早晨起床后，自己洗脸、洗手。尤其是吃饭前，从来都不用人提醒，自己主动去洗手，打肥皂，把手擦干。奇奇现在已经完全养成了良好的卫生习惯。

家长们帮助孩子养成良好的卫生习惯，应注意以下几点：

◎洗手、洗脸

还不会站的孩子，可让他坐在父母膝头，由父母给洗脸；能站起来后，就应让他站着洗；待孩子能自己打开水龙头时，应在大人的照看下，让他在水池边自己将手、脸、耳后、颈部、手腕等处洗干净。

要让孩子养成早晚洗手洗脸，外出回家、吃东西前均洗手的习惯，还要教育孩子饭前、便后主动洗手，弄脏手、脸后及时洗净。

◎刷牙、漱口

孩子2岁时，可以用凉开水漱口，3至4岁时让其饭后漱口，学刷牙后，早晚各刷一次。应教会孩子刷牙时顺着牙缝上下刷，由外侧到内侧，这样才能刷掉残留在牙缝中的食物，保护牙齿，预防龋齿。

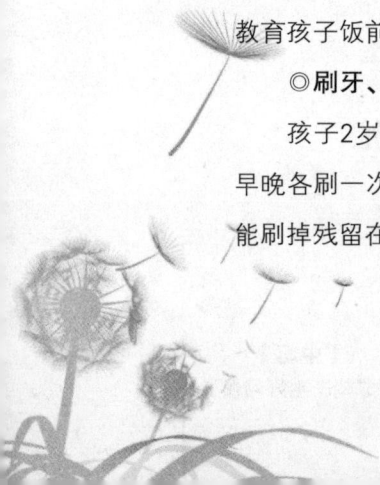

要让孩子知道不刷牙的后果。牙齿蛀了就要接受牙医治疗，由医生来处理。牙医会告诉他保养牙齿的重要性及方法，而且让他从拔牙、补牙、洗牙或吃药打针上得到教训。

◎**洗澡、洗脚**

大多数孩子都比较喜欢洗澡，孩子刚开始不习惯时，可先让其拍水玩，待熟悉后再下水。大人帮助其洗澡时，动作应轻柔、敏捷，注意不要把香皂沫弄到孩子的眼、鼻、耳中，水温要适宜。三四岁的孩子应让其学会在洗澡时，自己用毛巾或手擦前胸、胳膊、腿。

睡觉前养成洗脚的习惯。四五岁的孩子就应在大人的帮助下学会洗脚了。教孩子把脚趾、脚跟部洗到，洗完后擦干，夏天应天天洗澡、换衣，其他季节也应定期洗澡、洗头，勤换内衣、内裤。

如果孩子不爱洗澡，要让他知道这样的结果自然是气味难闻，别人会远离他。家长可以表示，自己无法忍受这种气味，可以拒绝与他同桌吃饭或坐在一起。此外，不洗澡身体会发痒，尤其到了夏天，不常洗澡容易皮肤瘙痒、生疮，让孩子知道自己的行为的结果，必须注意个人卫生。

◎**提醒孩子勤理发，勤剪指(趾)甲**

孩子的头发以整洁、大方为宜。指甲长了，容易藏污纳垢，很不卫生，也容易抓伤皮肤，应定期给孩子修剪，大些的孩子家长应教会其自己修剪。但不宜剪得太短，以免孩子用手时磨伤指腹部皮肤，引起疼痛。

◎**擦鼻涕**

大人给孩子擦鼻涕时，动作要轻，以免引起孩子的反感。1岁半的孩子家长应提醒他用手帕擦鼻涕。两三岁的孩子就应自己学会随时用小手帕擦鼻涕。

家长应勤督促、多指导，多用语言鼓励孩子，使孩子逐渐养成良好的卫生习惯。

自己的事情自己做——迷路的大学生

生活自理能力，也就是自己管理自己的生活的良好习惯。学会料理自己的生活，是儿童在社会化过程中不可缺少的一个环节。不少小学生，由于在生活上由父母"包打天下"，6岁的孩子鞋带松了不会系，急得直哭；9岁的孩子不会穿衣服，闹出将内衣当外衣的笑话；10岁孩子要妈妈喂饭……

在这种"温室"里，儿童因娇宠而任性、脆弱、追求享受、缺乏独立性和克服困难的勇气与能力。这样的孩子是很难成才的，甚至连能否长大成人都成问题。

有个小孩上了高中，要住宿，这可愁坏了孩子的爸爸，不为别的，就为孩子每天起床这件天大的事。这位爸爸还真有办法，自己不能每天跑30多公里的路来把孩子从被窝里拽起来，就把这光荣而又艰巨的任务交给了孩子的"室友"，每天起床的时候由室友推他。那位爸爸也不让人家白干，声称可以"按月付酬"。

上面这位爸爸的腰包看来是够鼓的，为了孩子可以不惜金钱。但要比起谁更溺爱孩子，下面这位爸爸则做得更绝，他不仅不惜金钱，甚至不惜自己的身体与尊严。

某学校带学生去远足，有一位家长给教师写了一张纸条，谎说孩子身体不舒服。老师一问孩子，孩子说了实话。没办法，家长只得让孩子去了。于是家长给孩子准备了熟食、水果、罐头、香肠、巧克力、饮料……真是应有尽有。这还不算，家长还特意请了假，骑车远远地在后面跟着学校的队伍，怕孩子受委屈。到了晚上老师去查铺，发现床底下有一个人，吓了一大跳，原来是孩子的爸爸在床底下。这位爸爸说："孩子没在外睡过觉，怕他翻身掉下来，我在这儿等着接他呢。"

爱孩子爱到这个份上，其用心之良苦真可谓空前绝后了，可是，家长们如此良苦的用心，带来的结果却不是想象中的那么美好。

有媒体报道，一个20岁的大学生在与爸爸走散后竟然连回家的路都不认识。乍一听，这事好像是天方夜谭，但遗憾的是，这就是发生在你我身边的不折不扣的事实。

过去，人们常以"书呆子"来讥讽读书人，说得再形象些就是"四体不勤，五谷不分"。但再怎么"两耳不闻窗外事，一心只读圣贤书"，也不会像这位大学生这般"不食人间烟火"吧?如此没有生活自理能力，又怎么能在竞争日趋激烈的社会中站稳脚跟、博得一席之地呢?

上文中儿子之"迂"，过错并不全在自身，为人父母者更应深刻检讨一番。就这则新闻而言，儿子找不到家，父母应该承担主要责任。从来都没有单独出过门，上大学后每次回家、返校均由爸爸亲自接送，饭票也是由爸爸去换，在这种衣来伸手、饭来张口的日子里，长成的也只能是温室里的花朵，经不起风吹雨打。

父母的爱子之心固然可以理解，但你们可以照顾孩子一时一事，毕竟不能照顾他一生一世。今日的溺爱也许正埋下了日后孩子吃苦受罪的种子。

父母要从小就培养孩子的自理能力，因为儿童时期是培养孩子自理能力的关键时期。通常，孩子到三四岁时，已经萌发出自信心和独立性，许多事情都要自己做。这时候父母应该注意及时鼓励孩子锻炼自己基本生活的能力。

从小培养孩子的生活自理能力，我们建议父母做到以下几点：

◎**父母对孩子不能过分溺爱，不能娇惯**

孩子的自理能力如何，直接取决于父母对孩子的态度。让孩子参与家务管理，这就是我们平常所说的让孩子做自己力所能及的家务事，一般从3岁左右便可以开始实施。当然，这样的家务劳动不是"全天候"的，而是定期、定项目的，并且可以和父母一起做，以不影响学习为准，目的在于培养生活技能、劳动精神和家庭观念。

◎**孩子分内的事情，父母不得"代干"**

如穿衣服、整理床铺、洗自己的袜子和内裤、整理自己的房间等，一定要他们自己完成。较小一些的孩子可能会做不好，没关系，关键在于练习和尝试。

◎采取信赖态度，多鼓励少批评

父母可以一边提出要求一边进行指导，以赞扬和鼓励为主，必要时也可以在暗中帮助他们弥补疏漏。在孩子做事情的时候，父母要持信任的态度，尽量不去干涉或禁止。要放手让孩子自由行动，使其充分运用自己的智力、能力，获得成功或者失败的感受。然后父母再给孩子以鼓励，告诉孩子在做这类事情时怎样才能达到成功的目标。自理能力是在实践的基础上培养起来的。

喜欢运动——我运动，我健康

"生命在于运动"。这是古人总结出来的经验，它道出了运动与身体健康的密切关系。在人类文明史上，体育一直有着举足轻重的地位。伟大的古希腊哲学家亚里士多德就认为，儿童的身体训练要在智力训练之前，即按照体、德、智这么一个顺序。

实践告诉我们，体育锻炼有利于儿童的生长发育，锻炼可使人体各种器官的功能得到增强；身体强，学习起来才有能量基础，效率也高；体育锻炼还可以帮助儿童形成某些良好的道德和品质。

然而现代生活中，也许因为人们生活节奏的加快，也许是运动空间的窄小，每天都能锻炼身体的人似乎是减少了，这不能不让人们感到忧虑。为了能负荷得起日后繁重的工作，就必须在年少时期打下一个好的身体基础，所以在小时候，就要使孩子养成锻炼身体的习惯。

小雪20岁，刚刚上大一，从小以来，运动就一直是她的生活中必不可少的重要项目，小雪现在身高1.68米，身形苗条而健美，而且学习成绩优异，在很多女孩儿都热衷于减肥的今天，小雪根本无须节食、吃药，让人羡慕的身材穿什么都漂亮。小雪说这一切都得益于自己从小坚持锻炼的习惯，家庭环境对自己养成运动的习惯起了重要的作用。

小雪才7个月大的时候，爸爸就带小雪参加了一次家庭游泳活动。活动不仅有意思，而且也是孩子第一次真正意义上的锻炼。到小雪1岁多的时候，爸爸妈妈就常带她到儿童游泳馆去玩了，小家伙似乎天生喜欢玩水，每次一到水里就显得特别开心，尽情地跟爸爸妈妈和其他的小伙伴嬉戏。

小雪的父母都很热爱运动，他们喜欢打乒乓球，希望乒乓球能成为一项家庭活动，这样全家人就都能享受这种运动了。于是他们去打乒乓球的时候，尽可能带孩子一起去。他们不强迫女儿，也不给她很多指导，就让她按照自己的方式打球。这样下来，到小雪四五岁的时候，她的乒乓球已经打得像模像样了。

小雪7岁的时候，看到电视里小姑娘的体操表演，她又对体操产生了兴趣。妈妈积极支持，每个周末都带小雪去参加当地健康俱乐部的体操课。小雪学得很是认真，而且很有天赋。父母还常常和小雪一起看电视里的体育节目——通常，小雪和妈妈会支持服装漂亮的比赛队伍，而爸爸则为他喜欢的运动队加油。

为了鼓励女儿练习体操，爸爸妈妈有时候会给孩子录像。小雪喜欢看录像里的自己。把体操练习变成电视演出让孩子来了不少精神，而且，这样做也帮助孩子看到自己的进步和不足，他们还把录像带寄给了远方的奶奶。

小雪在成长中从来没有停止过锻炼，长大后的小雪，身体健康，精力旺盛，也很聪明。而且，抗挫折的能力也较强，如果偶尔成绩不理想，她也不会垂头丧气，而是依旧对自己充满信心。

小雪说，她对体育锻炼有着深厚的感情，运动已经成为她生活中不可缺少的一部分。

我们认为，体育锻炼能够帮助孩子养成健康的生活方式、良好的生活习惯。当孩子养成了良好的生活方式以后，就能够自觉抵御不良行为，使自己的生活方式更为健康。

可见，培养运动的习惯对孩子来说是受益匪浅的，那么家长怎样培养子女锻炼身体的习惯呢？

◎首先要培养孩子对体育的兴趣

一旦对体育锻炼发生了兴趣，孩子就较易亲身去参加各种体育活动。培养体育锻炼的兴趣，可以从体育游戏开始，去参观、欣赏各种体育比赛。

◎要教给孩子锻炼身体的方法

由于孩子年龄不大，体质弱，又缺乏体育锻炼经验，因此，家长尽量要教给孩子科学锻炼的方法，不当的锻炼非但不能起到有效作用，还容易发生事故。

◎根据年龄和体质来制定适合孩子的锻炼项目

要根据实际情况来安排运动量，不可盲目，也不可做超出孩子承受范围的要求。如孩子小的时候宜多做些较为缓和的、活动性比较强的运动，不宜做用力过大、憋气、静力、负重的练习项目。

◎要持之以恒地锻炼

体育锻炼只有持之以恒，才会有效果，也只有持之以恒，才能形成锻炼的习惯。因此应帮助子女制订锻炼计划，并要督促孩子天天坚持，可以的话，最好家长能跟孩子一起锻炼，这样更能激发孩子的兴趣。

◎要"站如松，坐如钟，卧如弓"

不正确的姿态给身体带来的最大不利是引发脊椎骨弯曲，影响身体的正常发育，严重的甚至影响身体健康。所以在孩子坐着看书、写作业或看电视时，要要求他们采取正确的姿势，不要弯着腰、驼着背，也不要随意歪在凳子上。

正确的站姿是：头要正，胸稍挺，腹微收，两臂下垂，两腿自然伸直，脚跟靠拢，脚尖分开。

正确的坐姿是：躯干保持挺直，两肩摆平，两眼向前平视，两小腿与地面垂直，两脚平放地上，阅读、写字时，身子不要歪斜，不要趴在桌子上，胸要离桌沿一拳的距离。

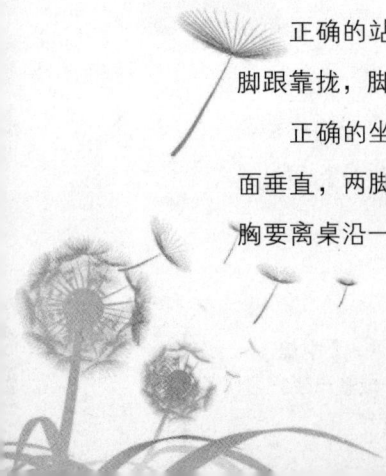

正确的走姿是：走时身体保持正直，两眼正视前方，两臂前后自然摆动，两脚向前迈步，脚跟先着地，然后过渡到脚掌着地，保持平衡，勿上下颤动或左右摇摆，注意改正内、外八字脚。

勤俭节约——让孩子学会合理消费

勤俭节约既是对创造财富的劳动者的尊重，也是对用自己的血汗钱购买物品的父母的尊敬。勤俭节约不仅使家里的各种东西充分发挥作用，而且有利于孩子独立生活能力的提高。现在的孩子花钱大手大脚的情况相当严重，孩子手中的钱基本来源于父母，从根本上看，孩子的浪费是父母约束不力造成的。

曾有报载一名初一学生，因大便时没带手纸，于是当着好几个同学的面，从自己的皮夹内接连抽出4张100元面额的人民币，擦完屁股后往地上一扔，然后头也不回地走出了厕所。

不知道这位学生的家长会如何看待自己孩子的行为，那些因交不起学费而辍学的孩子及其父母看到这则报道又会做何感想。

现在的孩子像这样不懂得珍惜金钱的不在少数，出现这种状况，是社会影响的结果，也是家长溺爱的结果。我们很难想象，这样的孩子以后能经得起人生道路上的风风雨雨，能很好地应对现代社会的各种挑战，做一个对社会有益的人。

鲍勃从小花钱就没有计划，也不节约。转眼间，鲍勃上大学了，爸爸为了限制他花钱的速度，跟他约定：每月的15号会给他寄500美元的生活费。多年的习惯不是那么容易就改的，鲍勃照旧花钱如流水，毫不节制。有时，他跟朋友出去到餐馆或娱乐场所挥霍，一次就能把一个月的生活费都花光。因此，每月不到15号，鲍勃就囊中羞涩了。

每当这时，鲍勃就会打电话给爸爸，要求爸爸提前寄下个月的生活费过来。爸爸爱子情切，容忍了儿子的行为，于是，父子俩的约定就只剩下了形式，这也使鲍勃更加没有顾虑，鲍勃已经预支了半年后的生活费了。他花钱无度的毛病不但没改，反而更加严重。

这天，鲍勃的经济状况又出现危机了，他给爸爸发了封邮件，说："爸爸，我饿坏了。"按照惯例，爸爸明天就会寄钱过来。然而，这次鲍勃没有看到有自己的汇款，他打开邮箱，发现爸爸回了封邮件给他，邮件也很简单："孩子，饿着吧。"

接下来的日子就不那么好过了。鲍勃绞尽脑汁地节衣缩食、精打细算，对每一美分都计划安排，事情很奇妙，身上只剩20美分的鲍勃居然撑到了下个月15号，也就是爸爸再次寄钱过来的日子。

体验到吃苦受罪滋味的鲍勃，学会了有计划地花钱。以后的每个月，鲍勃居然还能省下100美元存起来，这样，鲍勃的生活更丰富也更有意义了，用这些钱他买了好多自己喜欢的书、唱片，还可以出去旅游。他的大学生活比以前过得更充实了。

父母要注意培养孩子理智消费的习惯，从小培养孩子的"财商"。简单地说，"财商"就是理财的方法和能力。外国的孩子买东西，通常会东转转，西看看，比比哪一个是我最需要的，然后再买。

然而，我们的孩子很少会这样，他们往往看到什么喜欢的，会不加考虑地马上买下来，这就是缺乏财商的表现，孩子缺少消费方面的指导，不会理财。

让孩子养成合理消费的好习惯，父母可以采用这样的培养方法：

◎**要教会孩子有计划地使用钱，对花钱有个预算**

家长可以把给孩子的零花钱规定一个数额，最好是把握在孩子有能力支配的范围之内，随着孩子的年龄增长和实际需要再适当增加。

◎**定期给零花钱，比如每周一次**

儿童教育专家说，孩子年龄尚小，对钱的概念还很模糊，所以家长要定期给孩子零花钱，让他自己支配，自我约束，同时学会理财、自立。

◎**要求孩子制订开支计划**

比如多少钱用于买学习用品，多少钱用于买自己喜欢的日用品，多少钱用于买零食……这样可以防止孩子乱花钱，还可以培养孩子把钱用在刀刃上的好习惯。

◎**在银行为孩子开一个户头，让他树立存钱意识**

陪孩子一起去银行，并以他的名义开一个户头，这样可以增强孩子自我管理的兴趣和能力。

◎**抑制孩子的虚荣心，教育他们不刻意追求名牌**

在选择物品上，教育孩子要以质量和实用价值为主要标准，不要刻意追求名牌。

◎**告诉孩子父母挣钱的艰辛**

在日常交往中，父母不要耻于跟孩子谈家庭的生计问题，要告诉孩子自己挣钱的艰辛，让他们认识到父母的不易。

◎**不与别人攀比**

教育孩子根据自身的需要做出选择，消费要量入为出，不可盲目攀比，入不敷出。

◎**买东西要货比三家**

告诉孩子，看到喜欢的东西不要急于买，对于花钱比较多的商品尤其要多转转、多看看，然后决定要不要买、买哪家的。

从小爱劳动——蒂娜的脏衣服

为了孩子的学习，很多父母都不让孩子从事家务劳动，没有从小培养孩子热爱劳动的品格。须知，让孩子自己整理个人的小床、倒掉废纸篓、除草、打扫卫生这些劳动，既能提高孩子的动手能力，也可以增强孩子的各种情感体验。事实证明，不做家务劳动的孩子，在长大成人后可能会有各种性格上的缺陷。

孩子在做家务的同时，也是培养其正确的劳动态度的过程，热爱劳动不仅仅靠的是一种理论说教，更多的是通过孩子自身对劳动的体验而产生的。对孩子来说，劳动实践是学习知识、了解认识社会的重要途径。孩子日常的家务劳动锻炼正是难得的学习机会。如果在他的记忆中只有书本知识，而没有运用这些知识指导实践的体会，也很难激发他进一步的求知欲望和热情。

通过和父母一起承担家务劳动，还可以让孩子知道：只有通过自己的劳动，才能享受真正的人生，享受真正的生活，才能体验到创造的快乐。

相比较而言，美国父母在这方面做得比中国父母要好。在普通的美国家庭中，每一位成员都必须完成他们一定的家务劳动。像洗脸、刷牙、穿衣服这些生活自理方面的事，则属于孩子自己的事情，称不上是家务劳动。

美国父母给孩子分派家务劳动时很注意孩子的接受能力。每一位5岁以上的孩子都可以做上一两件家务活儿；小一点儿的孩子可以取报纸和信件；十几岁的孩子则可以用吸尘器除去灰尘，每天早晨帮着开动洗衣机等。

蒂娜满13岁了，已经懂得追求漂亮了，最直接的表现就是她换衣服的频率越来越高，这直接加重了妈妈的负担。于是，妈妈决定找她谈谈。妈妈说："宝贝，妈妈工作很忙，你已经13岁了，可以为妈妈分担些家务，做一些自己的事情了，以后你的衣服要自己洗。如果你忘记的话，就只好穿脏衣服了。"蒂娜很痛快地点了点头。

一周过去了，妈妈发现洗衣机里塞满了蒂娜的脏衣服，她很生气，于是很严厉地批评了蒂娜，蒂娜答应妈妈下次不会忘了。

接下来的一周，蒂娜还是没有洗，脏衣服更多了，洗衣机里已经放不下了，它们都堆在了蒂娜屋里，几乎占了一地，最严重的是蒂娜已经没有几件干净衣服可以换了。妈妈决定对此置之不理，以便好好教育教育她。但是蒂娜有她的应对办法：她从脏衣服堆里拣出稍微干净的衣服继续穿，就是不肯自己动手把它们洗干净。

几周过去，蒂娜已经再也拣不出一件稍微干净点儿的衣服可以穿了，

而妈妈的态度丝毫没有改变，蒂娜没办法，只好把衣服一件件洗干净了，此后，蒂娜的衣服都是由她自己来洗，而且她发现洗衣服并没有她想象的那么难。蒂娜甚至还渐渐开始帮妈妈做其他的家务了。

培养孩子主动帮助家长做家务的习惯，父母应该注意以下几点：

◎**要有正确的态度**

家长要支持、鼓励孩子参加力所能及的家务劳动，认识到孩子参加家务劳动不是为了减轻家长的劳动，而是为了养成热爱劳动的习惯，培养责任感、义务感、独立性、自信心等良好品质。

家长要放手让孩子去干，让孩子在实践中学会做。当然，成人要给以具体指导、帮助，督促孩子按时把事情做好，千万不可包办代替。

◎**要提高孩子参加家务劳动的兴趣**

孩子年龄小，劳动目的性不强，往往把劳动与游戏相混淆。家长可通过游戏来提高孩子对劳动的兴趣。如家长可跟孩子比赛谁擦桌子干净；谁洗手帕溅在地上的水少等等。另外，劳动内容要适合孩子的年龄特点，不能太复杂，以自我服务为主。时间也不能太长，否则会使孩子过度疲劳，影响劳动效果，甚至产生厌恶劳动的情绪。

◎**家务劳动要有具体的分工**

家庭成员对家务劳动要进行具体分工，明确各自的任务，还应提倡协作。让孩子明白自己的事自己干，家长的事帮着干。

◎**适时地进行表扬**

当孩子认真地做完一件家务事，要及时地给以肯定，最好的方法是让全家人一起欣赏孩子的劳动成果，使他产生自豪感，或亲切地拥抱，夸一声"真能干"，千万不要用金钱或物质刺激的办法。

珍惜劳动成果——谁知盘中餐，粒粒皆辛苦

随着现代家庭生活水平的提高，再加上家长对独生子女的溺爱，孩子任意浪费的不良习惯更加严重。家长为孩子准备的学习生活用品十分齐全，而且越来越追求高档化。对孩子来说，这些东西来得太容易，因而不知爱惜，常常是东西旧了或不喜欢了，就换新的或买更好的，有的随意损坏了也不在乎。

甚至有不少家长认为，现在的家境不错，在物质上能满足孩子就尽量满足，不必为了一些小物品的丢失、毁坏而对孩子训斥；也有一些过于宠爱孩子的家长认为，东西是为人服务的，只要孩子开心，破费些、浪费些算得了什么；更有家长自己就是大手大脚惯了，在家庭生活中浪费现象严重，无形中给孩子树立了一个反面的榜样。

孩子不知道什么是浪费，也不知道什么是爱惜。尽管这些东西看起来微不足道，花不了多少钱，但对孩子的健康成长是很不利的。

教育孩子珍惜他人的劳动成果有以下好处：

——有利于孩子形成正确的劳动观。因为只有体会到劳动的艰辛，才能懂得成果的珍贵；只有意识到了劳动成果的珍贵，才能赞赏和热爱劳动。

——有助于孩子养成节俭的习惯。虽然孩子在年龄小的时候，浪费的东西毕竟有限，但如果家长因此而放任其发展，后果将不堪设想，贪图享受、好逸恶劳、喜新厌旧等劣习都有可能随之而产生。相反，一个节俭的人，往往能心平气和地享受生活、热爱生命。

5岁的汤尼聪明活泼，人见人爱，但有一个破坏东西的坏习惯怎么也纠正不过来。他有很多玩具，但没有哪一种玩具在他手中能"完好无损"地保留下来。随着年龄的增长，汤尼的兴趣渐渐转移到了阅读上。但是，他对待图书依旧很"残暴"，一本刚刚买回来的书，没过两天就面目全非了。妈妈

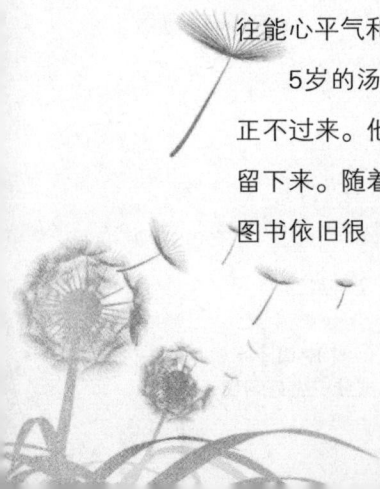

十分希望小汤尼能改掉这个坏习惯，但似乎无论说什么，小汤尼都听不进去。家里的物品在他的手下依然"难逃厄运"。

那么像小汤尼这样不懂得珍惜劳动成果的孩子，家长该采用什么样的手段来帮他们改正呢？我们有如下建议：

◎日常生活中，引导孩子参加一些力所能及的家务劳动

如洗手帕、为妈妈帮厨等。孩子只有从小就得到基本的劳动锻炼，才会懂得劳动果实是多么来之不易。很简单的例子就是，假如孩子自己不洗衣服，就不可能理解大人洗衣服的辛苦，也不会注意保持衣服的清洁，即使大人告诉他几百次，他仍然不会注意。

◎忆苦思甜

爷爷奶奶们更可以用"忆苦思甜"的方式，给孩子看看以前的旧照片，看看人们穿着打扮的朴素，讲讲小时候的故事，在历史的回味中，孩子可能不能体会以前的艰苦，但他们会知道幸福生活来之不易。

◎与贫困子女进行对比

生活在大都市的孩子的生活是甜美的，可是世界上还有许多孩子在失学、贫困、饥饿中。通过电视中"希望工程"的宣传片，家长可以适时地教育孩子，对比之中，孩子会倍加珍惜自己的生活条件，对身边的物品产生爱惜之心。

◎让孩子从珍惜自己的物品做起

在家长为孩子买回玩具、图书后，必须教会孩子如何保管，并对孩子的行为进行督促。

◎父母要对一切物品都很爱惜。

比如节约水电、粮食，在外爱护公共财物，不随意践踏草坪，并对孩子进行这方面的教育。

◎不要无限制地满足孩子的要求

这样会使孩子对物品不爱惜或持无所谓的态度，觉得损失了没关系，反正父母会再买。如果孩子损毁了物品，可对其进行适当的惩罚，同时延缓添

置新物品的时间，让孩子充分体会到损坏东西后所带来的不便。

一个懂得珍惜他人劳动成果的孩子，也必定会是一个善解人意的孩子。家长们在用物质表达对孩子的爱时，也请一定要对孩子讲讲"谁知盘中餐，粒粒皆辛苦"的道理。

【下篇】
怎样纠正坏习惯

　　纠正孩子的不良习惯不是一朝一夕就能完成的，它需要家长持之以恒及家庭各成员的配合，同时家长也不妨在自己身上找找原因，如果发现自己正是孩子的"坏榜样"，那就需要你和孩子一起改正了。

纠正做人方面的坏习惯

　　良好的品格将决定孩子的一生，对于孩子的品德问题，家长一定不能姑息。只有让孩子纠正做人的坏习惯，形成做人的美德，孩子才会有一个美好的未来。

任性妄为——孩子要宠不要惯

法国教育家卢梭在《爱弥儿》一书中曾指出："你知道不知道，用什么样的办法一定能使你的孩子得到痛苦？这个方法就是：百依百顺。因为有种种满足孩子欲望的便利条件，所以他的欲望将无止境地增加。迟早有一天，你会因为无能为力而表示拒绝。但是，由于孩子平素没有受到过你的拒绝，突然碰了钉子，这将比得不到他所希望的东西更让他感到痛苦。"

卢梭还举例说："有的孩子竟想让人一下子把房子推倒，竟要人把钟楼上的风标拿下来给他们，竟要人拦住正在行进中的军队，好让他们多听一会儿行军的鼓声……他们偏要那些不可能得到的东西，从而处处遇到抵触、障碍、困难和痛苦。成天啼哭，成天不服管教，成天发脾气，他们的日子就是在哭泣和牢骚中度过的。像这样的人会很幸福吗？"

任性的习惯已经成为当代少年儿童主要的不良习惯之一。所谓任性，就是放任自己的性情，做事情的时候往往对自己不加约束，想怎样就怎样，爱做什么就做什么，不分是非，固执己见，明明知道自己不对还要继续做下去。任性的孩子常常用一些手段来威胁他人，如不吃饭、大哭大闹、自杀、离家出走等。任性对孩子的成长具有负面影响，任性的孩子往往容易四处碰壁，甚至走上犯罪的道路。

有一个被惯坏的孩子，他说他挺爱这个世界的——家庭条件那么好，爷爷奶奶、爸爸妈妈又疼他，学习成绩也不错，人长得还挺"酷"……小时候的一个晚上，妈妈带他去朋友家串门。回到家，他突然发现一直攥在手里的一块糖没了。那糖是妈妈的朋友给的，他家没有这样的糖，但是他偏要！他打着滚儿地哭。

爷爷奶奶、爸爸妈妈实在心疼，便带上手电，全家出动，沿着来路进行"拉网式"大搜寻。眼看到半夜12点了，糖还是没有找到。妈妈看着因绝望

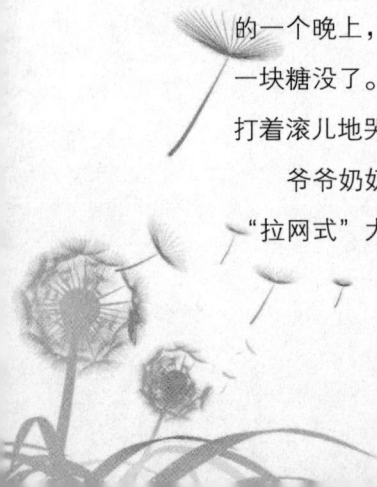

而哭得死去活来的孩子，终于硬着头皮敲响了朋友家的门。

在他成长的道路上，他要什么就准能得到什么。后来他长大了，想要一个女朋友，但是他看上的女孩根本看不上他，他不再躺在地上打滚，而是拿起一把刀子割破了自己的手腕……在医院，他被抢救过来，但是他又开始绝食。父母哭着对他说："你想把我们急死？不就是一个女孩吗，你人生的路还长着呢，好女孩多的是。"他狠狠地说，他就想要她！

是的，从小想要什么就有什么的孩子凭什么不可以歇斯底里地疯狂叫嚣"我要"？得到了是天经地义，得不到就自伤自残。从小小的糖开始，那个孩子就被无休止的纵容满足着，直至失去了人性。

近年来，随着独生子女家庭的大量涌现，许多父母任意地溺爱孩子，过多地满足孩子的一切物质要求。这种以孩子为中心无原则给予的爱，势必会使孩子在生活、学习中以自我为中心，缺乏社会责任感，在生活中也毫无尊重他人的概念，异常任性和粗暴。

从心理学的角度来看，任性是儿童意志薄弱、缺乏自控能力的表现。一般来说，孩子任性并非天生的，而是家长不良教育的结果。

对孩子的任性，有些家长抱着侥幸心理，认为现在孩子还小，让他使使性子吧，等孩子大了自然就会好的；另一些家长则以自己的任性来对付孩子的任性，你越不听，我越要你非听不可；还有一些家长互相推卸责任，孩子任性要泼，爸爸说是妈妈惯的，妈妈说是爸爸宠的。这几种态度对孩子都是不利的，因为孩子的任何不良性格与行为，都是从小慢慢形成的，都要从小抓起，才能及时防范与杜绝。

对于怎么爱孩子，著名作家薛涌提出了一个新理论——"孩子要宠不要惯"。所谓宠，就是满足孩子的一切情感要求，让他们从小生活在一个充满爱的精神世界里。但是另一方面，该严要严，决不能惯，不能放任他们养成任性妄为的坏习惯。

其实，孩子任性是由多种原因引起的，有的孩子任性是为了满足某种物质的要求，有的孩子任性是想得到别人的承认，有的孩子任性是因家长的教育方式不当。

那么，如何防止和纠正孩子的任性呢？家长根据孩子的不同情况，可以采取以下几种方法：

◎**转移孩子的注意力**

由于孩子注意力集中的时间短暂，家长可利用孩子注意力容易转移的特点，在孩子任性时，想办法转移他的注意力，使他高高兴兴地服从大人的要求。如去商店买东西，孩子不肯走时，可以说："你看小朋友笑你了，你看把衣服都弄脏了，明天怎么上幼儿园呀？"等，把其注意力转移到别的方向上去，以摆脱眼前的困境。

又比如孩子去儿童乐园玩滑梯，玩个没够，不肯回家，你可以说："你看那边有什么好玩的，去看看。"这时孩子会停止玩滑梯跟你走。不过家长不可骗孩子，要真带孩子去你们说的方向看看或买点东西给孩子吃。

◎**家长要冷静分析孩子的要求是不是合理**

有的孩子任性起来很激动，家长一时难以说服。这时候，应让孩子先冷静下来，再给予教育，切忌"武力"解决。

家长要冷静分析一下，孩子的要求是不是合理的，合理的应予以承认，尽可能给予满足，一时不能满足的，也要给孩子讲清道理。不合理的要求，家长一定不能迁就，否则，孩子会更加任性。

对于每当要求不能满足就要纠缠不休的孩子，家长一定要耐心，不去理他，使他自觉没趣，即使哭了也会停止。这时再给他讲为什么不能满足他的要求，使孩子明白哭闹既没有用，也没有道理，下次他也就不再闹了。

◎**对比诱导法**

任性的孩子好胜，自尊心强，可使用对比诱导法，用他所了解的英雄伟人的事迹与其行为对比，使其好胜心和自尊心受到刺激，使他从另一个角度去认识问题，主动地改变任性的行为。

此外，家长还可为孩子创造条件，让孩子多和同龄人交往，平等相处。

◎**家长既要有权威又能尊重孩子**

这样的家长能培养出情绪稳定、善于控制自己和约束自己的孩子。这样的孩子很少任性。

◎**家长要注意检查一下自己在日常生活中是不是也任性**

家长的任性往往会影响孩子，使孩子在潜移默化的过程中也学会了任性，所以说"孩子是家长的影子"。

此外，切忌以家长的任性来对待孩子的任性，这样做，孩子的任性非但不会减轻，反而会加重。因为家长实际上起着"样板"和"榜样"的作用。因此，在这样的家庭中，只有先纠正家长的任性，孩子的任性才能迎刃而解。

◎**家长要想办法使孩子扩大视野，增长见识**

孩子知识多了，就会改变自己过去一些错误的做法。

冷漠孤僻——融入集体，不做落单的小朋友

古希腊著名哲学家亚里士多德曾经说过："人是社会的动物，因此，人不可能独立于社会而存在。一个人必须在与他人的交往中，才能完成社会化过程，使自己逐渐成熟。"

调查表明，很大一部分孩子存在孤僻离群、不爱与人交往的问题。尤其是独生子女更容易形成这种习惯。特别是有些独生子女，由于家长长期娇生惯养，放纵不管，孩子非常任性，喜欢独来独往。生活中只有自己，很少想到别人。这样的孩子长大以后，很难与人合作，很难适应社会。

研究显示，合群的孩子在知识范围、语言表达、人际交往等方面均明显优于性格孤僻、不爱交往的孩子。合群的孩子比较热情、活泼、大胆、勇敢，很容易融入周围的环境。

儿童生来应该是爱说好动、天真活泼的。但如果他们长期不与人交流，

缺少父母的情感关爱，就会逐渐变得沉默寡言、冷漠、害怕交往。

贞贞的童年跟爸爸妈妈在一起的时间很少，爸爸在外地工作，妈妈又要每天上班，就请了个小保姆来照顾她。这时本是一个孩子牙牙学语的时候，但是贞贞却成天只能默默地跟玩具做伴。

日复一日，孩子在这样无声的环境里度过了漫长的两年，到该上幼儿园的年龄了，妈妈把贞贞送去幼儿园。在上学的第一天，当贞贞看到那么多陌生的面孔时，吓得直往妈妈怀里钻，还一直喊着："妈妈，我不上学，我要回家。"

在幼儿园的日子里，贞贞也从不与同伴一起玩，上课时从不敢举手发言，老师提问时，她嗫嗫嚅嚅，同伴在一起开心地玩时，她总缩在旁边不出声，郁郁寡欢……

孩子从天性来说，都是乐群好交的，那些孤僻离群的孩子大多数不是缘于天生，而是由于不当的家庭教育方式。

家长可以参考以下几点来改正孩子孤僻离群的坏习惯：

◎**家长要和睦相处、互敬互爱**

孩子生活在温馨、和谐的家庭环境中，才能更好地感受家庭的温暖，身心得到健康发展。父母要积极改善与孩子的关系，不要用伤害的语言或消极语言批评孩子。多给孩子一些温暖，关注孩子的生活、学习和健康，每天抽时间与孩子游戏、散步、交谈，使孩子感到自己在父母心中的地位和分量，心中得到爱的满足，建立安全感。

◎**家长应该让孩子多参加集体活动**

最好让孩子从小生活在同龄孩子的群体中。托儿所、幼儿园是孩子们的世界，在与同龄人一起生活的过程中，孩子会学会怎么生活，怎么相处，怎么玩耍。孩子在家里，父母往往处处都依着他，可在群体之中，就得平等相处，这实际上克服了独生子女本身的不足。参加集体活动是提高交往能力的重要途径。孩子在集体活动中，不仅可以结识许多的小伙伴，还可以在了解他人的基础上了解自己，学会用集体交往的规则调节自己的言行，学会尊重

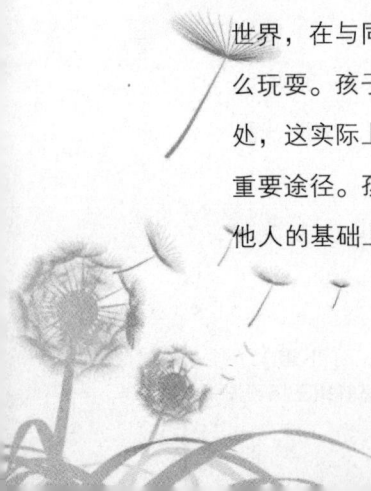

他人、信任他人、谅解他人、乐于助人，学会调节集体和个人的关系。

◎家长要教育孩子在平等的原则上结交朋友

凡是心理健康的孩子，都有自己比较要好的朋友，孩子和朋友交往的过程中，家长要教育孩子严以律己，宽以待人，互相信赖，彼此尊重。对于爱捣乱、爱逞能、惹是生非的孩子，在家里，家长要教育他："你这样下去，没有一个小朋友会和你一起玩了，老师也不会喜欢你的。"在幼儿园，老师应利用孩子的"从众心理"，使他看到整个班级是团结的、守纪律的，一个人捣乱、逞能是不受欢迎的，使他感到一种无形的压力，慢慢孩子就会同化于集体之中。

◎为孩子创造与外界交往的机会

父母要尽可能地创造条件让孩子与同伴多交往。比如：家长可利用节假日多带孩子到公共场合玩或常带孩子走亲戚、访朋友；也可以请孩子的小伙伴到家中来和孩子一起玩。在这些活动中，有意识地增加孩子与人交谈的机会，让他感受到与人交往的快乐。

◎改正不良品质

帮助孩子改正那些不利于团结的个性品质，如骄傲、吝啬、自私等，培养孩子无私、诚实、向上、勇敢的品格，只有这样的孩子，在小伙伴中才是最有吸引力的。

不守信用——曾参杀猪的故事

信用是一个人立身行事之本。孟子说："人而无信，不知其可也。"一个全无信用可言的人，一定会为众人所不齿；不要轻率许诺，轻诺必寡信。言必信，行必果，不仅是对别人的尊重，更是对自己的尊重。

古人曾有"曾子烹彘"的故事：曾参的妻子带着儿子去集市，在集市上儿子哭闹不停，他的妻子告诉孩子如果不哭了，回家后就会有猪肉吃。

等回到家，曾参拿起刀准备杀猪，妻子连忙阻止说："我不过是哄着他玩罢了！"但曾参说："孩子虽小，但不可以戏弄他，现在你对他说谎，将来他会照样对你说谎。如果母亲欺骗儿子，他会从此不信任你。"曾参最终还是把猪杀了，他言出必行、不失信于儿子的故事至今广为流传，也被教育家们认为是教育儿童的典范。

一位外国妈妈，应邀到中国山东的一户人家来做客，她带着一个8岁的女儿。女主人很会做饭，有一天她说："今天我做西餐给你们吃，你们尝尝中国人做的西餐好不好吃。"

那个8岁的外国女孩想中国人做西餐肯定不好吃，就说我不吃。后来女主人做好了西餐，把冰淇淋端上来的时候，这个外国女孩眼睛都亮起来了，这么好看，一看就知道好吃。她说："妈妈，我要吃冰淇淋。"

中国妈妈是按份做的，刚好没有做小女孩那一份。于是，她说："这样吧，你吃我这份。"没想到外国女孩的妈妈说："NO，我的女儿她今天说过了她不吃冰淇淋，因此，她今天不能吃冰淇淋。"她女儿急了，赶忙说："我今天特别想吃冰淇淋，我今天一定要吃冰淇淋。"妈妈还是不同意。小女孩哭得是鼻涕一把泪一把，但她妈妈就是不让吃，中国妈妈说："给她吃吧，孩子嘛，不必那么认真，给她吃吧。"外国妈妈坚决不让她吃，一点余地都没有，就不让她吃。

家长应该从小就教给孩子：说话一定要算数，一诺千金，培养自己崇高的人格，做个让人信赖的人。更重要的是以身作则，答应孩子的事一定要做到，如果你认为他年龄小可以马马虎虎地对付，那你就错了，你的一言一行都会深深地刻在他的脑海里，而且他会随时翻出来照着做。

纠正孩子不讲信用的习惯，家长们可以从以下几方面做起：

◎让孩子知道守信的道理

孩子还小，常意识不到不能遵守诺言带来的后果，往往在受到同伴的孤立后才感到痛苦。家长可以通过讲道理或讲故事的形式让孩子懂得，自己承诺了某件事而不去做，别人就会感到很气愤。不守信用的人，大家都不喜

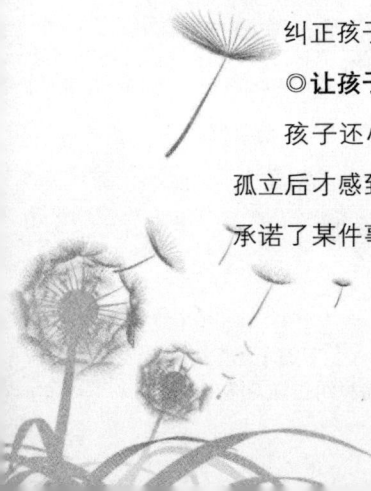

欢。同时如果孩子一旦对他人做出某种承诺，家长应督促孩子努力去实现。

◎家长要做到言而有信

不要轻易对孩子许诺，一旦许诺就要兑现。如果因突然有事不得不改变原计划，也要和孩子解释清楚，不能草率应付。

由于孩子还不能客观地评价自己，他们对自己的能力的估计往往超过了实际水平。有时孩子虽然答应了，但由于能力和经验不足根本做不到，这时家长应帮助孩子分析原因，而不是斥责孩子，应告诉孩子承诺任何事都要根据自己的实际情况，只要自己能力所及的，答应了就要做到。这样才能慢慢使孩子学会正确对待自己，客观地分析事物。

◎教育孩子在答应别人的要求之前认真想一想

家长要有意识地教育孩子在答应别人的要求之前要好好想一想，看看自己是否有能力、是否愿意满足对方的要求。如果认为自己的条件还不具备，就不要轻易答应对方。

◎凡是自己已经答应做的事情，就要努力去做

儿童有时因为考虑问题不周全，可能会遇到困难，那也不要轻易放弃，父母应该帮助孩子把事情做好。

骄傲自大——表扬要适度，奖励不过度

巴甫洛夫说过："无论在什么时候，永远不要以为自己已经知道了一切。不管人们把你评价得多么高，你永远要有勇气对自己说：我是个一无所知的人。"

在现代家庭中，由于受到特殊的家庭环境的影响，独生子女容易产生骄傲自大的情绪。谦虚使人进步，骄傲使人落后。骄傲自大会对孩子的发展产生消极影响。骄傲自大的孩子往往不屑于与别人交往，心胸变得很狭窄。他们虽能取得一定的成绩，但往往只满足于眼前取得的成绩，而且他们看不到

别人的成绩。骄傲自大的孩子很难和同学们友好相处，因为他们不能做到平等相待，总是以高人一等的态度对待人或喜欢指挥别人。

教育家卡尔·威特在教育自己的儿子时，就非常注意表扬的方式，为的就是不让小威特骄傲自大。

对于儿子的善行，威特父亲会加以表扬，但为了防止他自满，不会过分表扬。在向小威特传授知识时，他也注意不让儿子自满，比如，他交给小威特许多知识，但不告诉他这是物理学上的知识，那是化学上的知识等等，为的是防止小威特狂妄自大。

在小威特长大一些以后，他父亲就这样谆谆教导他："无论怎样聪明，怎样通晓事理，怎样有知识的人，与无所不知、无所不能的上帝相比，只不过是九牛一毛，沧海一粟。只有粟粒大的一点儿知识就骄傲的人，实际上是很可怜的。""不要把人们的表扬放在心上，喜欢听表扬的人必然得忍受别人的中伤。被人中伤而悲观的人固然愚蠢，稍受表扬就忘乎所以的人更是愚蠢的。"

小威特父亲就是用这种方法来教育小威特防止他骄傲自满的，尽管这样做要花很大的功夫，但他最终还是获得了圆满的成功。

与小威特父亲大不相同的是，当今的父母大多喜欢在众人面前炫耀孩子在这方面或那方面的"与众不同"，这样就很容易使孩子滋生骄傲情绪。

据专家们研究表明，那些靠天赋产生的神童，往往容易夭折。一些潜质很好的孩子之所以没能如愿地在未来成为栋梁，正是缘于孩子的骄傲自满、狂妄自大。世上再没有比骄傲自大更可怕的了，骄傲自大会毁掉英才和天才。

由此可见，家长和社会对孩子过多地夸奖与肯定，会让孩子觉得别人都不如自己，从而看不起别人，产生骄傲自满的情绪。除此之外，优越的家庭环境，以及父母表现出来的骄傲情绪也都会对孩子造成影响。

当孩子出现骄傲自大的情绪时，父母应该怎么办呢？

◎对孩子的表扬要适度

有些父母觉得自己的孩子很优秀，逢人就夸。这样做满足了父母的虚荣

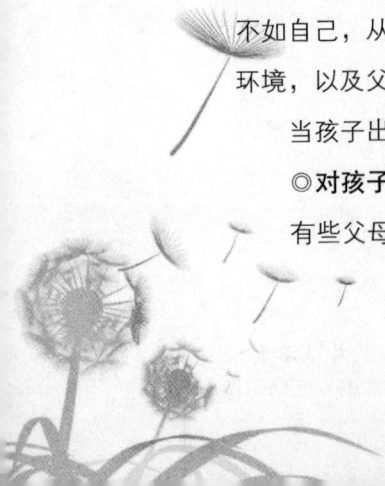

心，但对孩子心理健康的发展却极其不利，孩子会认为自己就是最优秀的，导致看不起别人，狂妄自大。

◎帮助孩子树立正确的价值观，正确认识自己

比如通过给孩子讲一些具体的事例来让孩子知道"天外有天"，世界上总是会有比自己更优秀的人存在。切不可因为取得一点点成绩就沾沾自喜，盲目自傲。

告诉孩子人各有长短，即使是最卑微、最弱小的人，也有其他人所不及的地方，同样，再强大的人也都有他自己的弱点。不可用自己的长处去与他人的短处比较。

◎尽量不要给孩子过多的物质奖励

过于优越的环境会让孩子产生一种高高在上的心理感觉，从而看不起一些条件普通的同伴。尽量不要给孩子过多的物质奖励，防止孩子获得过多的物质奖励而产生畸形的满足感，从而削弱进取意识。家长要让孩子明白，好条件是父母创造的，他其实和其他同学一样，没有什么特别的地方。

◎家长不能在孩子面前表现出任何的骄傲情绪

家长要为孩子做出榜样，谦虚友善，胸怀坦荡。家长的示范和家庭的良好氛围，最有利于孩子健全人格的形成。

自私自利——小气鬼李栩

我们不否认，人性中最古老、最深切的禀赋就是自私，但如果人人都标榜看穿了尘世，信奉自私为座右铭，那么这个世界必将暗无天日，这个社会必将走向衰亡。所以我们要教育孩子从小就友爱，无私。自私自利的孩子只能活在以自我为中心的世界里，不会有真正的朋友。

在生活中，不难见到有这样一些孩子，他们只顾自己，尤其是在对自己的财物上特别吝啬。自己的东西无论如何不会给别人，甚至是自己的父母都

不能碰一下。自私自利的孩子没有关爱他人的观念，也不知道心疼父母。请看下面的例子。

李栩是个聪明可爱的小男孩，但是，他却养成了自私自利的坏习惯。李栩和爸爸妈妈生活在一起，在家里，他是绝对的权威，但凡他的东西，就是爸爸妈妈也不准动一下。比如说，爸爸妈妈给他买了点心，如果爸爸妈妈说："小栩，给我们尝一点儿吧？"他肯定会一口回绝。

家里要是来了小客人，李栩就会如临大敌，他绝不会让小客人碰他的玩具。吃饭的时候，他还会目不转睛地瞪着客人，说："那是我最喜欢吃的牛肉，不准你吃！"弄得大家都非常尴尬。周末，李栩去奶奶家，只要见了奶奶家有自己喜欢的东西，他就会提出带回家。要是爷爷奶奶提出要上他家去玩儿，他一定会阻拦，弄得他的爸爸妈妈非常尴尬。

像这样的孩子其实都是父母惯出来的，而父母自己又不得不吞下自己种下的苦果。

有位妈妈说："我觉得孩子自私、小气的毛病不管是怎样形成的，都是可以改正的，关键是父母要用心，用有效的教育方法，帮助孩子改正这些缺点，弥补不足。我的孩子也有自私和小气的毛病。最突出的就是自己的东西不肯让别人动一下，好像生怕别人借去不还。有一次测验时，孩子的铅笔忽然断了笔芯，身边恰恰没有卷笔刀，他急得团团转。结果还是同学把卷笔刀借给他用，才解了他的'燃眉之急'，这件事给他影响不小。我们借这件小事启发他，说：'你看看，你如果不帮助同学，下次再也没有人帮你了。'孩子还是有记性的，他的心理慢慢发生了变化。现在，孩子已不像以前那么自私，有什么玩具也能和伙伴一起交换着玩了。"

现在，大部分孩子都是独生子女，家长对孩子特别娇惯，有好吃的全留给孩子吃，有好用的也都留给孩子用。渐渐地孩子就认为什么好的东西都应该是自己的，丧失了分享的观念。所以，做父母的不能什么都围着孩子转，在任何事情上都要平等，以免助长了孩子的占有欲和自私自利的性格。

怎样才能纠正孩子自私自利的坏习惯呢？我们给家长的建议是：

◎**鼓励孩子多和同伴交往，尤其是跟比他大的孩子在一起**

日常生活中，爸爸妈妈可让孩子多和同伴交往，教育孩子吃的东西要分给别人吃，玩的东西要和别人一起玩。

孩子在交往、玩耍时，爸爸妈妈最好让他和较大的孩子在一起，这样，不仅较大的孩子可以适当带领、照顾他，而且可以制止孩子的"独占""掠夺"行为，因为大一点儿的孩子有一定的自卫能力，而小一点儿的孩子则往往能服从较大的孩子。

◎**对于孩子自私、霸道的行为，家长要坚持正确的主张，不给孩子特殊待遇**

对孩子坚持占有的物品，该动的一定要动，而且还要煞有介事地动，让其习以为常，才不会让孩子认为自己占有所有的好东西是理所应当的。

◎**从孝敬长辈做起，从生活小事做起**

注意培养孩子孝敬长辈、先人后己的好思想。如平时吃水果时，让他把最大的给爷爷奶奶外公外婆送去，逐渐养成有好吃、好用的东西大家一起吃、一起用的好习惯。让孩子自己做他力所能及的事，从中体会别人的艰辛，可以让孩子养成体谅他人的好习惯。

◎**创造良好的家庭环境，父母要以身作则**

在日常生活的小事中不能自私自利、斤斤计较，更不可有鼓励孩子自私行为的言行，一旦孩子看到眼里，便容易形成错误的认识，模仿家长的行为。

怯懦胆小——做勇于行动的好少年

在众多的独生子女中，多数孩子活泼好动，能言敢为。但也有为数不少的孩子怯懦胆小，自卑怕事，不愿跟大家一起玩，没有同龄孩子那种爱动、贪玩、好奇的特点。他们腼腆，说话声音低微，主动要求少，不敢一个人外出等。

懦弱的孩子，尽管思维能力和才华与其他孩子一样，但由于这种性格缺陷，在能力上往往得不到正常的发展。他们怕与人共处、与人竞争，没有较强的社会适应能力。长大之后，在事业上和社会适应方面都有较大的困难。

契诃夫的小说《小公务员之死》中，那个可怜的小公务员看戏时不幸与部长大人坐到了一起，把唾沫星子弄到了部长的大衣上，他就变得神经质般的惶惶不安。无论他如何解释，部长大人好像都没有原谅他的意思，这个小公务员在巨大的精神压力下，竟然一命呜呼了。

当然这是文学作品，但在生活中，也同样有这样性格怯懦的人，自己为自己制造烦恼，自己吓自己，影响情绪。

孩子的怯懦性格与家庭环境、社会环境关系极大。因为孩子在小的时候心智发展还没有完全成熟，很容易受到周围环境的影响。

莎拉是个胆子很小的孩子，她从小生活在爷爷奶奶身边，爷爷奶奶对她精心呵护，日常生活几乎大包大揽地代办，慢慢地，莎拉养成了内向、胆怯的性格。

后来，莎拉回到父母身边生活，爸爸脾气比较暴躁，莎拉在他面前经常吓得什么都不敢说、不敢做。一天，家里来了客人，爸爸让莎拉给客人倒水，一不小心，茶杯摔在了地上，爸爸当着客人的面劈头盖脸地就骂道："你真是个笨猪！"生性敏感的莎拉羞愧得无地自容。

当天晚上，莎拉做了一个噩梦，看见爸爸恶狠狠地用手指着她的脸。从那以后，莎拉看到爸爸就紧张，越紧张越是出错，每当这时，爸爸都毫不留情地加以训斥。莎拉最后患了恐惧症，每天晚上做噩梦，一点风吹草动都紧张得不行。

懦弱这种性格缺陷，对儿童的身心健康有很大影响，应及早矫治。

造成孩子胆小怯懦的原因是多方面的，家长无疑有着不可推卸的责任。比如，父母过度限制孩子的活动，不准孩子单独外出，不让孩子多接触同龄伙伴，造成孩子不合群，缺乏一定的交往能力；父母过分娇宠孩子，事事包

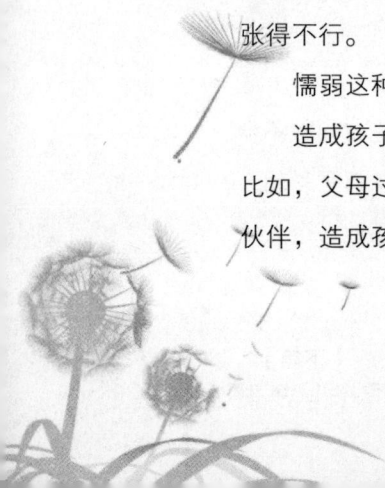

办替代，使孩子丧失锻炼的机会；或者父母过分严厉，孩子整日战战兢兢。

那么对胆小的孩子应该如何帮助教育呢？要矫正孩子的懦弱性格，家长应力求做到以下几点：

◎ **创造一个温馨祥和的家庭气氛**

让孩子自由自在地生活，并让孩子有充分发挥的余地。

◎ **注意气势激励**

怯懦性格的最大弱点是过分畏惧，要克服这一弱点，就要借助气势的激励。教会孩子自我鼓励、自我暗示等方法来培养自己无所畏惧的气势，如："你能编个故事给我听听吗？""当然能！"激励他相信自我。

◎ **注意培养不怕失败、勇于行动的良好心理素质**

许多小朋友所以怯懦，无非就是害怕失败。但越害怕失败就越不敢行动，越不敢行动就越怕失败，一旦陷入这种恶性循环之中，怯懦就更加深。比如经常有目的地给孩子讲不怕失败、战胜困难的小故事。

平时，有意交给孩子一些他感到怯懦的、困难的任务去完成，当他想打退堂鼓时，及时给予鼓励和帮助。随着这类锻炼机会的增多，孩子的勇气就自然积累起来，就不会感到怯懦了。

◎ **走出家门，到热闹的公共场所去锻炼**

如利用休息日、节假日经常带孩子到热闹的公共场所去，让孩子与小朋友、大人交往，如：去公园、动物园、儿童游乐园等地方玩，到少年宫去学游泳、与小朋友们一起做游戏等。

◎ **让孩子做力所能及的事**

大人的过分呵护，什么都替孩子包办，对孩子百依百顺，孩子过惯了舒适、平静、安稳的生活，对大人产生了依赖感。一旦离开父母，便无所适从，遇事就怕。要培养孩子独立、勇敢的性格，家长必须放手让孩子做力所能及的事，学会生活，如：自己睡觉、夜间独立上厕所、自己到商店买东西等。

做事磨蹭、拖沓——遵守时间，按时做事

天天快上小学了，可还是个让人心急的"小磨蹭"，做起事来总是慢吞吞的。从吃饭穿衣，到画画儿、写字、做游戏，他的作业永远不能按时做完，常常忘掉该做的事情。每当需要为某事做好准备时——上学、上床、洗澡、去亲戚家，如果父母不冲天天大叫"现在，现在就做！"他是决不会准备好的。

对此，天天的父母也很犯愁，曾特意带着他向专家请教，问天天是不是脑袋笨。

对于像天天这样做事磨蹭的孩子，父母们还可能会这样想："这个孩子为什么做每件事都磨磨蹭蹭的？他是不是从我这里遗传了拖沓的基因？因为我做事就是那样的。"或者"我们家没一个人做事拖拖拉拉，这孩子怎么会这样呢？"

其实，拖沓只是一个习惯，并不是一个人的个性特征，也不是性格缺陷。家长在着手帮孩子改掉这个毛病时，必须让孩子知道这一点：拖沓是我们都可以改变的习惯。

现实生活中，爱磨蹭的孩子的确是很常见的，但除了极少数外，通常并不是因为孩子"脑袋笨"造成的。就拿天天来说，当专家对他进行面对面的观察和测试后，发现他的智力在同龄中属于中等水平，而且通过对他进行多项非智力因素的测查，证明孩子的发展并不差。

造成孩子做事慢的因素通常有两个：一是孩子"手笨"，即做事情时，动作不熟练。由于孩子的神经、肌肉活动不够协调，同时缺乏一定的生活技能，因此他做事情比较缓慢。二是孩子的时间观念差，做事情缺乏紧迫感。也就是常说的"慢性子"。孩子的时间概念通常要到5岁左右才开始形成，而大约在8岁以后才逐渐稳定。

此外，孩子的磨蹭行为还可能与爸爸妈妈自身的行为有关。有的家长平时喜欢边吃饭边看电视或书报，有的家长也会因疲倦或懒惰做事拖延时间，这些行为潜移默化地影响着孩子，非常容易使孩子养成注意力不集中、办事拖沓等不良习惯。因此，家长不妨先自我检查，为孩子做个榜样。

怎样才能纠正孩子磨蹭的坏习惯呢？我们给家长的建议是：

◎**如果孩子爱磨蹭是"手笨"造成的，父母就要想办法锻炼他的动手能力**

父母可以与孩子玩一些小的竞技游戏，如比赛看谁穿衣服快，看谁洗澡快等。通过这些比赛，家长可以随时教给孩子穿衣、洗漱、收拾玩具等自我服务的技巧，帮助孩子提高动作的熟练和敏捷程度，教给孩子如何利用做事的先后顺序来提高效率、安排时间等。这些游戏玩多了，孩子可能觉得没趣，这时，可以给予适当的奖励来鼓励孩子继续做下去。

◎**如果孩子爱磨蹭是由于时间观念差造成的，父母要有意识地培养孩子的时间观念**

比如在孩子开始做一件事之前为他规定时间。父母先估计出孩子尽最大能力能够完成此事的时间，并以此作为时间限制，然后根据孩子完成的情况，给予表扬、奖励（或无奖励，根据具体情况决定）。

在开始设计时间的时候，家长要及时核对。孩子做事，家长为他计时，告诉并夸奖他今天比昨天又快了几分钟。这样，孩子会有积极性。

◎**让孩子按时做事**

磨蹭这个习惯，不光存在于学习中，也反映在生活的各个方面，如穿衣、吃饭、玩耍等。所以要克服这个毛病，必须从不同角度着手，从自己孩子的实际出发，制定一些改正方案。做什么事情，需要多长时间，事先都做好规划，在规划的时间以内（当然越快越好）保证质量地完成。

做完以后，可以共同讨论，对方案进行调整，争取下次做得更好。对年龄较小的孩子，可进行一些计时活动，如阅读、答题、劳动，如果家长能够与孩子一起进行，会收到更好的成效。

顺手牵羊——别人的东西不可以拿

小皮特的妈妈最近发现儿子回家后书包里总是多了些陌生的小玩意儿：蜘蛛人玩偶、漫画书、玩具水枪。很显然这些东西不是他自己的。妈妈经过了解，知道小皮特竟然染上了"偷窃"的坏毛病，妈妈不禁为此焦虑起来。

孩子在成长过程中，总会有这样那样的过失行为，这些过失行为往往带有很大的盲目性、偶然性、试探性和好奇性。偷拿东西也是一种过失行为，但是学龄前的儿童还不具有"偷"的概念。

例如，有时孩子玩饿了，找不到东西吃，或者看见别的小朋友有一种玩具，自己没有，就会拿抽屉里的钱去买或干脆直接把小朋友的拿走。家长应理智地去分析，找出其原因，不可粗暴地都把这种行为叫作"偷"，不要用成人的是非标准来衡量未成年人。

像小皮特那样，把别人的东西偷偷地拿回家，这种现象在4~6岁的孩子中并不少见，产生这种行为的常见原因有：

◎ **"别人的东西不可以拿"的观念还没有形成**

由于这个年龄的孩子还不能很好地把自己的东西和别人的东西加以区分，只要他喜欢的，他就认为可以拿回自己家，至于是否要征得别人的同意，他还没有这个概念，或者这个概念的约束力还不够强。

◎ **家长过于迁就满足孩子**

如果家长对孩子的任何要求都过于迁就或立即满足的话，孩子就会习惯于想要什么就能得到什么。在他看来，他想得到的，就是他的，拿别人的东西也就是自然的、不足为奇的了。

◎ **孩子为了显示自己强大**

如果此时在边上的其他孩子也欣赏他拿别人东西的行为，那么，他就会以为自己拿别人的东西就是一种"勇敢"的表现。

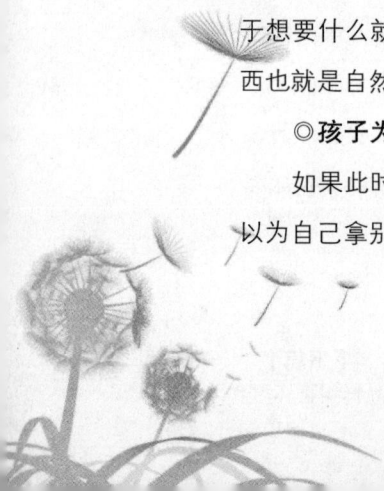

◎**孩子的合理要求没有得到应有的满足**

由于孩子的合理要求没有得到应有的满足，他从家长那里得不到自己想要的东西，但又羡慕别人的东西，于是他就会采取"拿"别人东西的办法。

◎**父母不良行为的影响**

当孩子看到父母从工厂或办公室把东西拿回家时，他会以为拿别人的和公家的东西是正常的，于是他自己也会效仿父母去拿别人的东西。

如果碰到这种情况，家长该怎么办呢？

◎**不听之任之**

即使在家长看来是不值钱的东西，也绝不能默然处之；也不能因为爱面子，怕孩子的举动会引起别人的误解，索性教孩子如何隐瞒；更不能采取赞赏纵容的态度，使孩子心安理得甚至沾沾自喜。这样都会助长孩子的占有欲，使孩子养成贪小便宜的坏习惯，将来就有可能发展到去偷窃。

◎**不大发雷霆**

在孩子的心目中，"自己"和"别人"的基本概念尚不十分清楚，只知道"我想要"，不知道拿别人的东西来满足自己的欲望是不道德、不应该的。此时家长应该以温和又严肃的态度引导孩子讲出为什么要拿别人的东西，然后耐心告诉孩子不能随便拿别人东西的道理，可以和孩子讨论："如果你喜欢的玩具不见了，你觉得怎么样？会难过是不是？"

让孩子认识到自己的行为给别人带来了不便和烦恼，并要求孩子及时把东西送还人家。送还的时候家长最好能陪孩子一起去，在这个过程中又可以加深对孩子的教育。告诉孩子："不管什么时候，只要你拿了不属于自己的东西，就必须把它送回去。"

值得指出的是，如果家长刚一发现孩子这种情况，就斥责他是"偷"别人的东西，甚至加以打骂，这只能损伤孩子的自尊心，往往使他连送还东西的勇气都没有了。因此，为了保护孩子的自尊心，家长在与孩子交谈时，切不可使用"偷盗"等词语，而要用"拿走""带走"这样的词来代替。

◎帮助孩子建立所有权观念

家长从小就教孩子识别别人的东西和自己的东西的不同，可以常常告诉他："这是你的玩具。""那是爸爸的书。"还要让孩子知道，如果想要用别人的东西，就要事先征得别人的同意，用完之后马上还给别人，而不能随便拿别人的东西。

家长还可以在平常带孩子逛街买东西时，让孩子体会"不是自己用钱买的东西就不可以拿回家"，这样，孩子慢慢地就了解了什么是可以拿的，什么是不可以拿的了。

爱撒谎——逼问会使孩子成为撒谎高手

说谎是儿童常见的行为，也是家长教育不当的结果。由于年龄小，孩子不能区分真实与想象、理想与幻想的不同，有时他是在表达自己的意向，可在大人看来像是在说谎。在4岁以前，儿童会把父母是否高兴作为衡量自己行为对与错的标准。比如：孩子把碗打碎了，认为妈妈一定会生气。这时他就会说：是猫把碗打碎的。这个年龄阶段的孩子是意识不到自己说谎行为的性质的。

然而，对于6～7岁的儿童，如果家长没有注意到孩子是因怕家长生气而不承认自己的错误行为，也没从道理上使其明白行为的性质和界限，也不做必要的、耐心的纠正，说谎的行为就会慢慢固定下来，形成习惯，借以逃避责任。

说谎的常见原因有以下几种：

◎**家长"逼"出来的说谎**

孩子做了好事会被赞扬，所以做了任何好事都不会瞒着大人。但是孩子犯了错误往往会以说谎来掩饰，有些家长常以打、骂的方式来对待孩子的错误，这种教育的结果，往往适得其反。

◎**家长"教"出来的说谎**

孩子模仿性强，可塑性大，家长的一言一行，他都会看在眼里、记在心里，从而对孩子产生潜移默化的影响。

◎**为了满足某种目的而说谎**

这种情况常见于5～6岁的孩子，他们为了得到某种利益而说谎。

对于父母而言，让孩子知道无论在家里还是在外面，说谎都会陷入更糟糕的麻烦中，这非常重要。

亚历克的妈妈接到校长打来的电话，告诉她两天前亚历克在休息时间揍了某个同学，老师让他带张字条回家让父母签名，但是，亚历克并没有把父母签名后的字条带回学校。

当然，妈妈对字条的事一无所知，她谢过校长，答应等亚历克回家后她马上处理这件事。妈妈知道亚历克的脾气很暴躁，以前就没少惹祸。

亚历克放学回家来了。

"你好，妈妈！"他像天使一般。

"你好！"妈妈抑制着怒气。她努力提醒自己小孩子常常会做这样的事。

"今天学校没有东西要交给我吗？"妈妈想给亚历克最后一次机会。

"没有呀。"亚历克一面平静地回答，一面仔细地在饼干罐中翻找着。

"我刚接到你们校长的电话。他说几天前你就应该给我一张字条，上面说你在休息时间行为不当，字条还得由我签名。"

"哦，我弄丢了。"亚历克低头看着地板说。

她很快提醒自己，觉得没有必要再问他"你肯定吗"之类的问题，那只会给他再次撒谎的机会，且使自己受挫。

"我知道了。"妈妈点点头，"那你至少也要告诉我这件事。"

"我忘记了。"亚历克耸耸肩膀说。

"但是我很怀疑。你可能只是希望我不会发现吧！"妈妈就事论事地说。

亚历克又耸了耸肩膀。

"亚历克，你知道我不喜欢你总是惹祸，我想了解你究竟做了什么，但让我更难过的是你还说谎。"

"我没有！"亚历克抗议说，"我什么也没有说。"

"那就是说谎。没有把字条带回家，于是说'我弄丢了'，但事实上你没丢。"妈妈做出解释。

"我很抱歉。"亚历克温顺地说。

"因为你打人，我该罚你两天不能看电视。你知道爸爸和我已经跟你说了很多次，生气时，可以动口，不能动手。这次你还不把字条给我们看，所以罚你4天不准看电视。"

"这不公平。"亚历克大叫。

"这很公平，因为你说了谎。我们家是不准说谎的。你当然知道我早晚会发现字条的事，你以为我会怎么做？"

"我不知道……"亚历克嘀咕着，"我知道你会大发雷霆。"

"那又怎么样呢？"妈妈平静地说，"就算我大发雷霆又怎样呢？我还是爱你的。"妈妈微微一笑，"即使你4天不能看电视，那也是很短暂的时间。你现在明白了说谎会得到加倍的惩罚了吧？"

亚历克没有再说什么，默默地回到自己的房间。

几乎所有的孩子都曾撒过谎。亚历克撒了谎，但和妈妈的对话却让他摆脱了心理上的包袱。其实，他内心明白父母早晚会发现的，而现在他知道了惩罚虽然令人不快，却并不恐怖。他告诉自己下次他会承认错误，那样的话，他才不会错过一个星期一期的《猫和老鼠》的电视节目。

培养一个诚实的孩子是很重要的目标，这样的孩子在面对自己的错误时，不会感到自卑，反而会勇敢面对。称赞孩子勇于承认错误，父母看重的是他的诚实，而非他的错误本身。这样做的结果是孩子会认识到即使为此受到惩罚，也会感觉到被爱和受到重视。

说谎是种不愉快的经历，不管说谎者还是被骗者，都会感觉不舒服。简而言之，如果能够选择的话，孩子很可能更愿意不去说谎。他说谎只是因为他不想惹麻烦，不想失去某种权利，怕无法再做某些他很想做的事情，等等。

谨记，父母清楚地表明说谎会受到加倍的惩罚，孩子就会在冒险之前，再三考虑，因为大多数孩子都明白谎言被揭穿的可能性是相当大的。要想有效制止孩子的撒谎行为，父母还可以注意掌握以下一些技巧。

◎深入探究孩子说谎的原因，并且有针对性地加强惩罚

如果孩子是害怕你生气，你就需要解释你的怒气其实来自失望和受到伤害，因为你相信你和他之间存在某种信任感，可以包容他偶然地犯错误。你应该要求他坦言是否做了错事，你也向他坦言他应该接受相应的惩罚。这样，你就不会太失望，因为你不喜欢他再用说谎去错上加错。

◎父母在孩子面前一定要做到不撒谎

父母不但要做到在孩子面前不撒谎，而且还要注意不要提示孩子撒谎。因为很多父母经常用启发孩子说谎的方式了解他们干的事情。

◎如果在证据确凿时，他仍坚持不承认撒谎，你应该平静地问他为什么这么做

换言之，你强调的重点不在于要他坦白承认说谎，而在于讨论当事实已经摆在眼前时，他为什么还要坚持否认。这时，父母要尽量控制自己的怒气，否则只会让他更难以面对真相。可以试着问他一个问题："如果真相大白，你想你会怎么样？"

◎如果孩子决定不再撒谎，并告诉你实情，你一定要记住称赞他，但不要忘记惩罚

你可以说："我很高兴你告诉我了，我相信你是可以信任的。你如果不说实话，我会罚你两天不准骑自行车。但现在，你只需要为那个错误承担一定的责任，我把惩罚减少一天。"

◎父母要自我反省，是不是自己的原因促使了孩子撒谎

你要试着诚实地反省：身为父母，你是否无法接受坏消息呢？你是否有强烈并且令人畏惧的情绪反应呢？

如果是，那么是你自己给孩子提供了撒谎的基础。说谎并不是悲剧，不

过这种行为表示孩子有所隐瞒，不是因为害怕他的所作所为，而是害怕你。不管哪种情况，如果孩子知道你会适当地处理他的不当行为，并且考虑他的需要，那么说谎的情形就能得到很大的改善。

最后，提醒有些父母，如果你认为孩子小小的谎言没有什么危害，甚至觉得他们很滑稽可爱，那么切记：撒谎一旦形成习惯，在孩子长大后就会变成罪恶的根源。并且，这种习惯一旦形成，再期望去改变它，只能是事倍功半。

脾气大——瑞克做得对吗

婴儿一出生，就经常大声哭闹，手脚乱动，这种孩子容易形成暴躁的性格。但是大多数孩子脾气暴躁是后天形成的。在独生子女中，这种现象更为普遍一些。

从心理学角度来看，乱发脾气是儿童意志薄弱、缺乏自控能力的表现。这样的孩子想要什么就得给什么，想干什么就得干什么，稍不如意就马上开始大哭大闹，冲家长或他人发脾气。

凯伦夫妇最近被儿子瑞克的坏脾气折磨得头疼死了。瑞克仅仅6岁，脾气却暴躁得厉害，稍不如意就大发雷霆，大喊大叫。即使是跟他讲道理，他也听不进去，如果父母不按照他说的去做的话，他就一直吵闹、哭喊，在地上打滚，手里有什么东西都会顺手扔出去。

为此，凯伦夫妇想尽了办法，他们打他、苦口婆心地教诲、罚他站墙角、赶他早点上床、呵斥他……这些都不管用，一有事情瑞克还是会大发雷霆，暴躁脾气依然如故。

一天晚上，一家人正在看电视，瑞克突然想起要吃冰淇淋。已经很晚了，商店都关了门，爸爸妈妈试图跟他解释，劝说他明天再吃。然而，瑞克的脾气又上来了，他躺在地上大声叫喊，用头撞地，用手到处乱抓，用脚踹

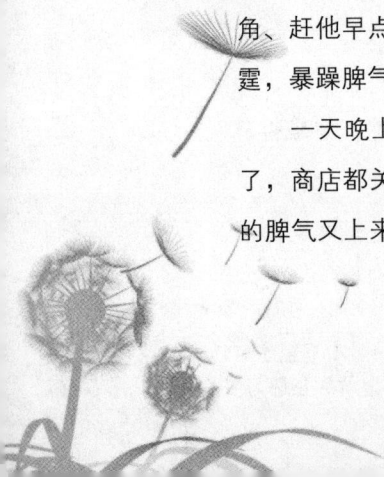

所有够得着的东西……

爸爸妈妈被气得不知道该说什么，他们努力克制自己的火气，暂时没有任何语言和动作。

瑞克已经叫喊半天了，他奇怪地发现，居然没有人理他。于是，他又重新按他刚才的"表演"闹了一番。这次爸爸妈妈知道怎么做了，他们坐了下来，静静地看着儿子，没有任何语言和动作。

瑞克不服气地又开始了第三次"表演"，然而爸爸妈妈还是没有任何表示。最后，瑞克大概也觉得自己趴在地上哭叫实在太傻了，于是他自己爬了起来，回房间睡觉去了。

从此，瑞克再也不朝别人乱发脾气，瑞克乱发脾气的习惯因为没有得到强化而自然消失了。

造成孩子好发脾气的原因很多，溺爱是重要原因之一。如果家长对孩子一味地溺爱，百依百顺，有求必应，会使孩子脾气越来越暴躁。假如家长对孩子的合理要求也是拒绝，使他的欲望总是求而不得，也会使孩子变得脾气暴躁，有时还会产生怀恨心理。

所以家长应尽量满足其合理的要求。对不合理的要求，要耐心地做说服工作，不要在孩子不知道原因的情况下断然拒绝，特别是当孩子一提出要求，没等讲完家长就马上给予否定，这样会使孩子分不清自己的要求哪些是合理的，哪些是不合理的，从而会影响他认识水平的提高，以致形成"反正家长也不同意"的想法。

要让孩子心平气和地生活，改掉好发脾气的坏习惯，家长可以采取以下的方法：

◎家长应找一找孩子好发脾气的原因

是孩子自我情绪调节能力低，缺乏自我控制能力，表达能力差，一点小事就发脾气，还是孩子对自己的要求是否合理缺乏判断的能力？

◎检查一下大人对孩子的态度是否一致。

特别是当孩子发脾气时，周围的人是袒护他还是教导他？假如是袒护，就会使他尝到甜头，这实际上是一种负强化，他就会闹得更凶。正确的做法是家长应该让孩子懂得并记住一个道理：吵闹发脾气是没有用的。这样就可以使孩子明白"用哭闹发脾气当武器"不起作用。经过几次这样的教育，孩子爱发脾气的毛病就会有所改变。

◎**家长平时要多与孩子沟通、了解孩子的需要，关注孩子同小朋友之间的交往**

家长可以多方了解别的小朋友在玩什么、想什么、要求什么等，当孩子提出自己的要求时，家长就比较能体会孩子的心情了，再加以开导和耐心地说明，是能够消除或减轻孩子发怒的情绪的。

◎**不要认为孩子好发脾气是天生的，不可改变**

有的父母认为孩子好发脾气是天生的，后天再怎么努力也无法改变，甚至有的父母在孩子发脾气时，也跟着发脾气，用发脾气对抗发脾气。这种感情用事的方法，绝对改变不了孩子好发脾气的习惯。

有的妈妈认为孩子好发脾气拗不过他，就把他推给爸爸管教，这样就会使孩子产生"妈妈对他发脾气毫无办法"的印象，以后他会变本加厉地在妈妈面前发脾气。

◎**培养孩子做事的灵活性**

孩子玩玩具、吃饭或穿衣服，都不要只"固定"一种方式、方法和模式，要从小尽量使其"多样化"，让其有挑选的余地。特别是当一种食品、玩具不存在了，就应及时引导孩子注意力转移到别的食品、玩具上去，这种调节能力越好，其灵活性也就越好。当孩子的兴趣增加了，对困难和问题的处理态度也灵活了，他发脾气的习惯也就会随之减轻。

喜欢打人——男子汉不欺负人

最近的一项调查表明，90%以上的幼儿有行为攻击的倾向，多数父母认为这是孩子间的小打小闹，没有足够重视。而专家认为，攻击性行为形成的关键期是婴幼儿阶段，一般男孩的攻击性比女孩突出，男孩受到攻击后，会急切地报复对方，如任其发展到成年，这种行为就可能转化为犯罪行为。

有位黄女士在谈起自己的儿子时这么说："儿子长得人高马大，坐在教室里的最后一排，平时调皮捣蛋，总喜欢惹别人。每次去学校领他总是让我头都大了，因为常常会有小朋友睁着一双无邪的眼睛来告状说我儿子欺负他们。对于他这个好'攻击他人'的恶习我一度无计可施，只会回家狠狠地批评，有时实在气不过就会打他。但这个办法并没有取得什么实质性效果，他后来变得越来越像个老油条，一副很无所谓的样子，真让我气不打一处来。

"后来有一次听到儿子对奶奶说：'妈妈不讲理，自己常欺负我却要我别欺负小朋友。我只是想和他们好，又不是要欺负他们。'听到这句'无忌童言'后，我开始反省自己一贯的教育方法，觉得应该和他多沟通沟通。

"很多时候都是他想和小朋友表示友好，但没有掌握分寸，这样我就会劝他做事'温柔'一点儿，想和小朋友友好只要用嘴巴说就可以了，不要用手去抓或推；有时是他真的欺负小女孩，这样我就会让他知道这不是男子汉应该做的事情。儿子虽然才一年级，但非常崇拜男子汉的品格，用'男子汉不会哭''男子汉不欺负人'这样的话激励他常常挺有用。"

还有一个例子，李先生的儿子性格争强好胜，无论游戏或者比赛，他都要赢过别人。有一天下棋，连下一个下午却一路输到底，被小朋友嘲笑了几句，他就急了，不仅扔了别人的棋盘，还动起手来。回到家里，他也很懊丧，因为那也是他最好的棋友，两人下棋有点棋逢对手的意思。李先生说："你动手打他就能证明棋下得比他好吗？"儿子摇头。儿子说他动手只是受不了别人嘲笑。

李先生也顺水推舟地告诉他，在别人落败的时候嘲笑别人肯定是不对的，对于朋友要宽容。最后李先生鼓励他接受自己的失败，继续努力，下次再和那个小朋友下棋。后来儿子和那个小朋友第二天就和好了，现在仍然一块儿下棋，有输有赢。孩子是通过这样一件件小事长大的，遇到这样的事，家长还是要找找他们打闹的原因，才能正确对待。

精神分析学派认为，攻击行为是一种本能内驱力的结果。目前公认的观点是，攻击行为是对于挫折的一种反应。还有人认为，攻击行为是一种社会模仿行为，是通过观察别人的攻击行为，从模仿中获得的。

根据有关调查，具有攻击行为的孩子，从性别来看，男多于女；从独生与非独生来看，独生子女多于非独生子女；从年龄来看，4～5岁的孩子居多，这时的攻击行为往往是无意识的，或者是自我意识差，或者想逗人玩，或者出于好奇心等。有的也属于有意攻击，例如，霸道、动武、恶作剧、吓唬人、嫉妒等。到了6～7岁时，有攻击行为的人数再次增加。

帮助孩子纠正喜欢打人的坏习惯，家长可以采用以下几种方法：

◎**强化法**

孩子对别人友好，家长可以表示赞赏，让他体验到愉快；孩子攻击别人，家长则设法使他感到不愉快，改正以后再消除不愉快的体验。这里的要点是使孩子能获得相应的情感体验，这种方法也叫"情感矫正"，这样逐渐帮助他建立行为规范。

◎**行为塑造法**

就是以分步达到的要求来使孩子克服不好的攻击性行为，产生家长所希望的行为。例如孩子在输掉游戏以后耍赖、打人，家长先引导他做到不耍赖，然后让他做到积极配合、友善对待同伴，每做到一步给他一步的奖励，最后让他遵守游戏规则，不对别人无理攻击。

◎**代币法**

代币法是行为疗法中运用最广泛的方法之一，也称作表征性奖励制。代币法就是运用代币并编制一套相应的激励系统来对符合要求的目标行为的表现进行肯定和奖励。简言之，就是用奖励强化所期望的行为。

代币起着表征的作用，只是一个符号，在小学里是以小红花、五角星等等为代表，也可以是记分卡、点数等等。这种方法对幼儿也很有吸引力。简单的例子是，家长可以跟孩子说好，不骂人的话发给一个三角形，不打人的

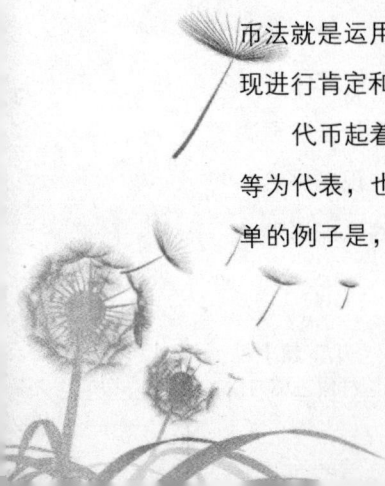

话发给一个圆形，几个三角形或几个圆形可以换一个五角星，累积多少个五角星就能换一个小奖品……这样，孩子会慢慢改掉坏习惯。

◎杜绝简单粗暴的教育方法

控制孩子的攻击行为，必须避免严惩重罚。因为即使孩子表面顺从，内心的不满总要发泄，只要不去伤害他人和自己，就要允许他发泄。如有的孩子怕写不好时，做功课往往心不在焉，心情紧张。

此时，父母应陪孩子打打沙袋，掰掰手腕，使他放松之后再继续学习。也许有人认为，如果附加体罚，可使攻击行为减少，但实际上，这往往会使攻击行为增加，而不是使攻击行为减少，原因是用体罚去控制儿童的攻击行为，其本身就起了攻击行为的示范作用。

爱打断别人说话——好孩子，会倾听

留心观察就会发现很多孩子都喜欢插话。有时别人谈话时，他能插话数十次，这个毛病很不好，既不能专心听别人说话，领会别人的意思，又非常不礼貌，会引起说话人的反感，使别人的思路被打断，不能很流畅地表达自己的思想。

孩子爱插话往往是为了表现自己或引起他人的注意。他不去注意听大人讲的事，而是想方设法地想着如何表现自己。

针对孩子这一特点，家长应该训练他善于倾听别人说话，要听明白别人说的是什么，等别人说完后再提问题。有些家长错误地认为孩子爱插话是机灵、聪明的表现，因而持欣赏鼓励的态度，这就助长了他爱出风头的做法，影响了他注意力的集中。家长要告诉孩子在听别人说话时，应该注视着说话人的眼睛，不能东看西瞧。在听别人说话时，要领会他人的意思，并记住有哪些不明白的地方，等说话人说完后再提出来。

李强同学是一个心直口快的人，在班会上或与别人谈话时，总是抢先发言。当别人说话时，他常常中间打断，迫不及待地说出自己的想法。他对自己常常打断别人的讲话并没有丝毫的不自然，反而觉得自己的话能给别人很大的启示。

一开始，同学们碍于情面，对他这种做法并没有过多地介意，可时间一长，同学们对他就有看法了，有的甚至不愿意与他过多来往。他很纳闷为什么大家会这样对待他。

李强同学勇于表达自己的观点，这没有错，问题就在于他总是随意打断别人的讲话，不愿意做个耐心的听众，这是对他人不尊重的行为，久而久之，自然会引起别人的反感。

一位家长在对待孩子打断别人说话的行为时是这样做的：

一次，我正和一个朋友说话，4岁的亨利走了过来："妈妈，我的鞋带松了。"我并没有马上帮他，而是说："妈妈正在谈话。谈完了，我会帮你。"过后，我告诉他，打断别人的谈话是不礼貌的，但如碰到紧急情况，比如要上厕所或感觉不舒服，要马上说。不过一定记住：打断别人的谈话时，一定要先说"对不起"。

家长纠正孩子爱插话的毛病，可以参考以下方法：

◎**家长要以身作则**

有些家长性子急，尤其在与孩子谈话时，很难坚持听完孩子的叙述，总是说："你不用说了，我知道了。"这样就会给孩子一种错觉，插话不是不应该的，而是很正常、很自然的事。因此，家长在听孩子说话时，要有耐心，尽量不要插话。

◎**明确告诉孩子随意打断别人讲话是一种不礼貌的行为**

亚伯拉罕·林肯说过：首先，要学会做一个好的倾听者，然后你才会成为生活中的主角。家长要让孩子明白，学会倾听别人的讲话，不随意地打断别人讲话，是一种有教养、有风度的表现。

要让孩子学会尊重他人。只顾自己滔滔不绝，无视他人的存在，是一种不礼貌的行为。听其他人讲话时，先安静地听，等听清楚了别人的讲话内容

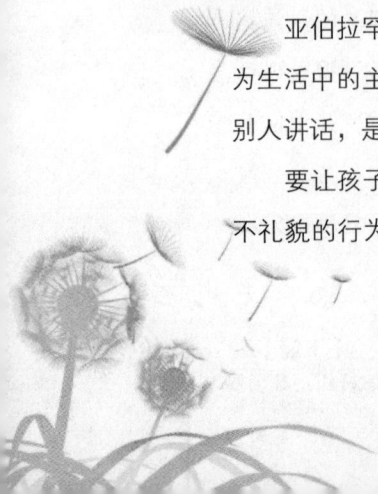

后，再准确完整地说清自己的想法。这一方面是孩子尊重他人的表现；另一方面也可以学习到更多的知识。

◎当孩子学会了他人讲话时自己等待，家长要及时给予表扬

让孩子知道有耐心可以让他获得更多的注意和鼓舞，时间长了，孩子就会养成当个好听众的好习惯。

嫉妒他人——承认差异，奋进努力

嫉妒是由于别人胜过自己而引起抵触的消极的情绪体验。黑格尔曾说，嫉妒是"平庸的情调对于卓越才能的反感"。在孩子中间嫉妒也很常见，比如，某同学比自己学业优秀，容颜俊美，孩子就会感到很难过；某同学穿得比自己好，家里有钱，他就会感到不舒服；某同学才华比自己出众，就很不服气等。

嫉妒程度有浅有深。程度较浅的嫉妒，往往深藏于人的潜意识中，不易觉察。如自己与某同学是好朋友，人家的学习成绩、能力等都较强，因为是自己的好朋友，所以并不想加以攻击，但在内心总有一点儿酸楚。而程度较深的嫉妒，会自觉或不自觉地表现出来，如对能力超过自己的同学进行挑剔、造谣、诬陷等。

5岁的朵朵很懂事，很机灵。可是每次不管她有多高兴，只要一看到妈妈跟别的小朋友亲近，她就一个劲儿地哭闹。朵朵妈妈对此很苦恼。

8岁的琪琪一次在早操时故意用脚绊倒班里一个小朋友，被发现了还满脸无所谓，甚至有点儿幸灾乐祸。事后，家长和老师仔细询问才知道，琪琪很不服气老师表扬那个小朋友做操做得好，故意让他当众出丑。

朵朵和琪琪都有不同程度的嫉妒心。儿童的嫉妒心基本上都还处于萌芽期。若任其肆意发展下去，会对孩子的身心造成严重的危害。英国哲学家培根曾说："嫉妒这个恶魔总是在暗暗地、悄悄地毁掉人间的好东西。"

首先，嫉妒心理影响身心健康。嫉妒心强的人容易得心身疾病。他长期处于一种不良的心理状态中，情绪上总有压抑感，久而久之可能导致器官功能降低，产生不良的心身反应。因此，又会引起忧愁、消沉、怀疑、痛苦、自卑等消极情绪。这样一来恶性循环，会严重损害身心健康。

其次，有嫉妒心的孩子在集体生活中是不受欢迎的。当一个人嫉妒另一个人的时候，就不会对那个人友善、热情，两个人的关系必然冷淡。嫉妒的对象越多，关系冷淡的对象也就越多。这就给孩子的社会交往能力的发展带来极大的障碍。所以，嫉妒心是孩子的人际智能发展道路上的一块大绊脚石。

嫉妒心强的孩子还会过分自信，甚至自大。但时间长了容易产生自卑，甚至可能像琪琪那样采取不正当的手段去伤害别人，使自己陷入更恶劣的处境。因为对自己和别人的认识过于主观和偏激，所以有嫉妒心的孩子在发展内省智能方面也困难重重。

最后，嫉妒心强还会影响学习。嫉妒心强，直接影响人的情绪，而不良的情绪会大大降低学习的效率。

面对嫉妒给孩子带来的种种危害，不仅家长、老师着急担心，孩子自己也很难受。怎样才能帮这样的孩子克服嫉妒心呢？

◎**教育孩子承认差异，奋进努力**

现实中的人必然是有差异的，不是表现在这方面，就是表现在那方面。一个人承认差异就是承认现实，要使自己在某方面好起来，只能靠自己奋进努力，嫉妒于事无补，而且会影响自己的奋斗精神。我们应该把"努力改变自己"作为正确的指导思想。

家长千万不可用贬低孩子所嫉妒的对象的办法来减轻孩子的嫉妒心理，那样会导致孩子过多地去看别人的不足而放弃自己的努力。

◎**教育孩子不断提高自我意识水平，正确地评价自己和别人**

提高自我意识水平，是克服嫉妒心理的基本途径。教育孩子经常反问自己："我现在各方面表现如何？有什么优点？有什么缺点？跟上个月（或上

个星期）比较哪些方面有进步？哪些方面有退步？我该怎么办？我有决心再上一个新的台阶吗？我是否应该听取爸爸妈妈的意见？是否要征求老师、同学的意见？"同时，教育孩子在班上给自己寻找追赶的榜样，看到别人的长处。一个孩子如果能经常这样去想问题，嫉妒心理就会慢慢打消，而能够客观地自我评价，客观地评价别人。

◎把精力投入到学习中

让孩子学会升华嫉妒心理，把它化为一种动力，每一时期给自己确定一个奋斗目标，并为此努力拼搏，在不断的奋进中，不但让他取得很大的进步，嫉妒心理也会烟消云散。

◎培养豁达的人生态度

人生本是一个大舞台，每个人都有自己适合的角色，人人各有归宿。要勇于承认有些人有比自己更高明更优秀的地方，努力向他们学习，奋发图强，把自我的这种好强个性转化为一种内在竞争机制，一种推动自己勇敢向前的力量，从而在社会中实现自己的价值。

虚荣攀比——给孩子一架正确的"价值天平"

新学期伊始，很多学生的脚上比着换新的名牌运动鞋。一所私立中学的初三体育老师说：上周上体育课时，有80%以上的男孩穿着崭新的阿迪、耐克等名牌篮球鞋，许多女同学脚下的运动鞋也价格不菲。

这位老师说，孩子们很看重自己脚下鞋子的牌子、款型、价格，许多学生穿上千元的名牌运动鞋来到学校时，明显要比平时活跃，希望引起大家的注意和羡慕。

周末，站在一家体育用品商店前可以看到，来给孩子选购高档运动鞋的家长很多，近千元的鞋，只要孩子喜欢，家长毫不手软："一双鞋的价钱差不多是我一个月的工资，太划不来！可孩子非要，我也没有办法。"一位刚花了900多元给孩子买双篮球鞋的妈妈说。本指望拿这笔压岁钱交学费和买书，但孩子不依。"这本来就是我的钱，买什么是我的权利，再说上周开学班里的男生基本上都穿新篮球鞋了，我丢不起人。"

有一名"贵族学校"的小学生，家长开"普桑"来接他，孩子嫌自家的车不够高档，让家长把车停到离校门较远处，以免在别人的"宝马"等名车面前丢面子。生活水平提高了，孩子们爱慕虚荣的心理与盲目攀比的行为也风气日盛。

这与其怪孩子从小就爱慕虚荣，不如怪社会、学校和家庭教育各环节，很少培育孩子在对待贫富差别上如何树立正确的价值观。相比之下，西方一些发达国家在淡化孩子的贫富意识方面，倒不乏积极有效之举。

如日本中小学明文规定禁止学生穿名牌服装或名牌运动鞋来学校，并对何为"名牌"做了明确具体的限定。此举得到高达九成的富裕家庭家长的欢迎。

此外，迄今日本仍有部分小学要求男生一律剃光头上学——千篇一律的光头至少让人一下子难以分辨出谁富谁穷。

在美国，虽说有关学生是否该穿校服上学一直存有争议，但绝大多数州的中小学依然实行"校服制"，且赢得了八成以上家长的支持。支持者并不像国人那样，认为穿校服有利于强化集体主义精神或维护学校形象，而是认定"千篇一律"的校服尽管从表面上看似乎限制了孩子的个性发展（美国人最忌讳这一点），却有效避免了贫富生在服装上的优劣之别，从而避免了对穷孩子的自尊心可能造成的损伤，也避免了富孩子虚荣心的盲目滋生。

加拿大中小学大多向学生提供免费午餐，孩子无论贫富，吃的一律相同。

即便在贫穷的肯尼亚，有幸收到救助的小学往往给每个学生都发放一份救济物品，而不论孩子是穷是富。

有人质疑：富家子弟并不缺这份救济物品，"照发"是否意味着浪费？学校方面认为，让大家都领到一份，穷孩子就会大大减轻心理上的压力。上述种种，虽未消除孩子们在穷富上的实质性差别，但在营造淡化孩子们贫富意识的外在氛围上，创造了一个良好环境。

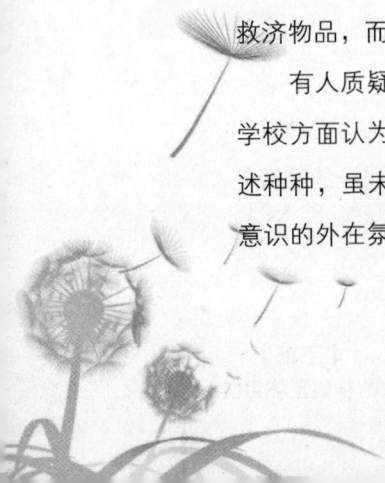

有关调查表明，独生子女的虚荣心较强，在被调查的独生子女中有20%存在较强的虚荣心。虚荣心往往会导致儿童产生其他心理问题，如嫉妒、自卑、敏感，这些都会阻碍孩子的发展。虚荣心是一种不切实际的东西，有虚荣心的人总想凌驾于他人之上，并在虚荣心的驱使下逐渐迷失自己。

孩子虚荣心形成的原因主要来自家庭。由于现代的家庭孩子少，父母总怕孩子受委屈，于是对孩子总是有求必应。自己孩子穿的、戴的都不能比别人差，别人的孩子买什么，咱家的孩子也得买，决不能让人家比下去。

于是在家长无意识的纵容下，孩子的欲望无限地膨胀。另外，独生子女的父母从溺爱孩子出发，总是爱讲孩子的优点，掩盖他们的缺点，甚至在亲朋好友面前经常夸耀自己的孩子，孩子听到的都是赞美的声音，很少有人指出他的缺点，而父母对别的孩子往往妄加指责。

由于孩子对自己的客观评价的能力还很差，家长具有绝对权威性，慢慢地孩子就从家长眼里的"十全十美"变成自己心中的"十全十美"，再也容忍不了别人超过自己。

虚荣心强的孩子在个性成长中，经常会出现各种问题，如为了满足其虚荣心而经常说谎，情绪不稳定，不认真学习，缺乏意志力等。虚荣心强对孩子来说无疑是一种可怕的坏习惯，家长应采取必要的方法加以纠正。

◎ **不放纵孩子**

首先，家长自己不能有这种想法："我的孩子不能比别的孩子差。别的孩子有的我的孩子也应该有；别的孩子没有的，我的孩子也要有。"如果连家长都有这种虚荣心，那么就很难在实质上帮助孩子，反而会推着孩子朝着错误的方向越走越远。做家长的不应放纵孩子，去满足他们越来越膨胀的虚荣心。

◎ **帮助孩子树立一个正确的荣辱观**

也就是对荣誉、地位、得失、面子要持有一种正确的认识和态度。一个人应该有一定的荣誉感，但面子"不可没有，也不能强求"，如果"打肿脸充胖子"，过分追求荣誉，显示自己，就会使自己的人格受到扭曲。

◎掌握好正确的比较观

在与孩子的交谈中，引导孩子多从社会价值而不是个人价值的方面去比较。例如，告诉孩子比一比个人为集体做出的贡献，而不是只看到自己个人的好处；要拿自己的学业成绩、对班级贡献的大小等方面的成绩来比较，而不是比吃、比穿、比用、比玩，要立足于自己实际情况来比较，不要与自己能力相差大的同学做比较，否则容易造成自满情绪或自卑情绪。

◎树立良好的学习榜样

家长应时常教育孩子从那些名人传记、名人名言中，从现实生活中，寻找榜样，以那些革命前辈、英雄人物、学术泰斗为榜样，做一个实事求是的人。

依赖别人——孩子不自立，父母怎么办

珍妮和韦伯非常喜欢社交聚会。没有孩子之前，他们的生活自由自在、充满激情。可是现在，他们的生活规律和生活方式已经越来越不是他们所期望的样子了，因为2岁的女儿伊丽莎白越来越多地纠缠着他们。

今天，应朋友的邀请，他们决定再去体验一次久违多年的攀岩。自从有了孩子之后，他们已经拒绝了很多次朋友的邀请，疏远了"年轻"的冲动。

但是，伊丽莎白一看见爸爸妈妈正在准备出门的物品，就开始叫喊："我也要去！"

两人一边忙着整理需要带上的物品，一边劝说女儿："爸爸妈妈今天要去爬山，你去太危险，还是在家里和阿姨一起玩吧。听话！"

可是伊丽莎白并不满意他们的解释，也许她根本没听爸爸妈妈的解释，因为她并不在乎出去干什么，依旧执着地拽着两人的夹克衫不松手。"别走！别离开！带上我！"

妈妈放下手里的活，蹲下来想说服伊丽莎白，她很爱伊丽莎白，也很有

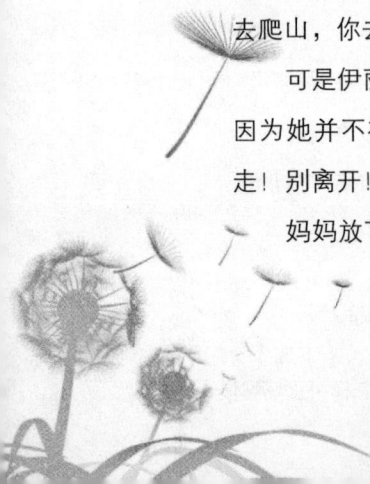

耐心："别这祥，宝贝，我们爱你。我们以后还会经常外出。我们外出的时候，你就跟阿姨在一起，不会有事的。"

"不！我要跟你们一起去！"伊丽莎白声嘶力竭地叫喊，几乎要哭出来了。

妈妈叹了口气，似乎每次出门都要不可避免地经历这样一番折腾，她的攀岩兴致已经消失了一半。

"赶快！没有时间了。"丈夫提起旅行袋，先妻子一步迈出了大门。看来，说服伊丽莎白是没有希望了。妈妈强行挣脱了伊丽莎白的小手，一狠心"嘭"的一声关上门，与此同时，她听到身后传来伊丽莎白"哇"的一声大哭，那哭声充满恐惧、无助和委屈。

这是父母在日常生活中都会遇到的烦人却也感人的一幕。

婴儿和他的第一照料者——通常是妈妈——之间的依恋可以回溯到孩子只有7～9个月大的时候。全世界的孩子都一样，如果把他们和妈妈分开，他们会体验到强烈的分离焦虑。这种母婴依恋可以给孩子安全感。我们常常看到，会爬的孩子因为对周围的东西太好奇了，所以他们经常爬离妈妈去探索。但是因为有母婴依恋，妈妈是他们的安全堡垒，所以他们在探索过程中，经常会回头看一下妈妈，确保妈妈还在那儿。如果妈妈还在那儿，孩子就会感觉很安全，就会继续探索。

妈妈的行为对建立安全的母婴依恋很重要。一位妈妈如果对孩子的需要很敏感，对孩子的要求做出适当的反应，这样的抚养方式可以培养孩子的安全感。而从小具有安全感的孩子才比较容易被培养出独立自主的品格。

具有独立精神的人对自我意识有一种强烈的需要，他们不需要借助这样那样的依赖就能形成自己的意向，做出自己的决定。自我实现的方向指引着他们履行自己的动机和纪律，正如一句格言所说："伟大的人们立定志向来满足他们自己，而不是满足别人。"

调查表明：缺乏独立性使少年儿童成为"长不大的一代"。

从孩子降生开始，父母们就渴望孩子快快长大，长成一个独立的人。但是，当孩子悄然长大，当您以为孩子已经可以脱离父母的怀抱独立生活时，或许您会惊讶地发现，孩子竟然还有那么强的依赖性。

少年儿童大多具有依赖他人的不良习惯。依赖他人的习惯表现为害怕自己拿主意、总看到别人的优点和自己的缺点、不会正确评价自己、对别人依从等。

一个女孩子说："我讨厌自己的性格！大概是小时候被宠惯了吧，现在，尽管我已经16岁了，但无论干什么事都要找个伴。上下学要和别人一起走，买东西要先征求别人的意见，做作业也总想问问别人，有人陪心里才踏实。有时候，明知他人错了，我也只会随声附和，就怕一语失和，好友从此离我而去。"

喜欢依赖他人的行为一旦形成，就很容易导致依赖型人格的形成。依赖型人格对个人的成长、发展都有极大的危害，会使个体难以发挥自主性和创造性，自身潜能更难以得到拓展。

美国心理学家曾经对依赖型人格进行研究，并将其特征归结为下面几点：

——做事情犹豫不决，在没有从他人处得到大量建议和保证之前，难以对日常事务做出决策；

——对生活或事业感到无助，经常让别人帮助自己做出重要决定；

——即使知道别人错了，也经常随声附和；

——缺乏独立性，很难自己单独开展计划或做事；

——过度容忍，为了讨好别人而经常做自己不愿意做的事情；

——害怕孤独，不喜欢一个人待着；

——当某种亲密的关系终止时，会感到无助或崩溃，特别害怕失去朋友或者失恋；

——经常害怕被人遗弃或冷落；

——被批评或没有得到表扬的时候，内心感到受伤害。

美国心理学家认为，具备上述特征中的五项，即可诊断为依赖型人格。

心理学家认为，依赖型人格源于人类发展的早期。个体在幼年时期，离开父母就不能生存，因此，在儿童的印象中，保护他、养育他、满足他一切

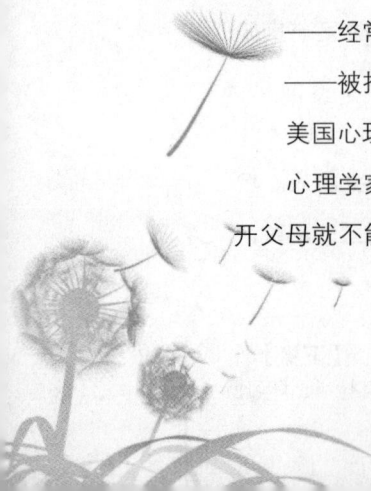

需要的父母是万能的，他必须依赖他们，总怕失去这个保护神。

但是，随着孩子渐渐长大，如果父母对孩子依然过分溺爱，鼓励子女依赖父母，不让他们有长大和自立的机会，久而久之，在子女的心目中就会逐渐产生对父母或权威的依赖心理，成年以后依然不能自主，缺乏自信心，总是依靠他人来做决定，终身不能负担起选择、接纳各项任务、工作的责任，从而形成依赖型人格。

对于如何改变孩子的"依恋心理"，父母应该掌握一些处理的技巧。

◎高度重视并积极培养孩子的独立意识

从解决"依恋问题"开始，保证他们成人后能够拥有健全的自我独立精神，这是明智的父母应该养成的一种教育习惯。

在日常生活中，我们一定要注意传递给孩子这样一些概念：你是一个独立的人，你的生活把握在自己手中；父母也有自己的事业和生活，而你自己的事情应该自己去完成；父母不是万能的，有些时候，父母甚至根本帮不上忙。

◎对孩子进行"挫折"教育

有依赖心理的孩子，多数都没遇到过"挫折"。由于大人的包办，凡事都是顺利的，因此给孩子适当的"挫折"教育很有必要。如在与亲人聚会时，带上孩子，搞些有奖竞赛的活动，人为地给孩子制造一些困难和障碍。也可以选孩子的弱项来举行活动，让其失败，从中进行教育，让他们在挫折中提高认识，认清依赖性的危害。

◎要求孩子自己的事情自己做

孩子自有孩子的生活空间，家长应该让孩子在属于自己的生活空间里自由发挥。每个孩子都有争强好胜的心理，家长可利用这一点，经常鼓励孩子：别人能做的事，你也能做。以此培养孩子的自信心。

家长不必替孩子们包办一切，该放手的就放手，相信孩子有能力做好。对于那些娇宠惯了的孩子，开始也许还不太习惯，做事会丢三落四，没有章法，家长可别急，千万不要替孩子们去做，而应该教他怎样做，需要注意什么事项，孩子一有进步，就应及时表扬"你真行""我们的孩子真能干"，让孩子时时体会到动手的乐趣，体会到成功的喜悦。

◎鼓励孩子参加社会实践活动

常带孩子参加各种社会实践，有利于孩子独立精神的培养。如带孩子参加节假日旅游、游园、球赛、文艺汇演、有奖竞猜等活动，或带孩子到花鸟市场走走，到商场转转，到图书馆看看，到少年宫、科技馆瞧瞧，让孩子从中认识到自立的重要性。

说脏话——孩子为什么说粗话

孩子学说话了，做家长的都挺高兴，可令人烦恼的是，孩子学骂人也快。如果家里来了客人，逗逗孩子，孩子张口骂人，会弄得客人和家人都很难堪。事实上，这时的孩子也许还没有明确的是非观念，他们还没弄懂那些脏话的真正意义。骂人，说脏话，对他们来说，有时只是一种不满的发泄方式。而且，有时孩子并不知道自己说的是脏话，他们只是觉得新鲜好玩，故意用来取悦成人或表现自己。

孩子说脏话往往是周围的环境、孩子善于模仿的特性和家长疏忽共同作用的结果。

一位家长对孩子讲粗话的坏习惯十分忧虑，苦口婆心地教育过，甚至也打过骂过，但是老师仍然反映，孩子在学校里经常讲粗话，影响十分不好。

对于这种现象该怎么办呢？

其实，要解决孩子说脏话问题的前提条件是查明孩子说脏话的原因，然后再有针对性地给予指导。纠正孩子说粗话的习惯，家长应该做的是：

◎净化孩子的语言环境

孩子好模仿，且缺乏是非观，他们往往从电视、电影中，从父母、同伴那儿学来许多脏话和一些不健康儿歌、顺口溜。为此，父母应该做好表率，

带头说文明语言，并且要慎重选择影视节目，引导孩子玩文明、健康的游戏，如发现孩子和小伙伴说粗话时，应及时指出并给予纠正。

◎采取恰当的态度和措施

对偶尔说粗话的孩子，成人应以文明的语言把孩子所要表达的思想、感情重复说一遍，形成正确示范。如孩子经常津津乐道重复一些脏话，家长应严肃地告诉孩子这句话不文明不好听，爸爸妈妈和所有的人都不喜欢听，并和孩子一起分析孩子喜欢的、尊敬的成人以及小英雄们是怎样说话的。利用榜样的力量，可使孩子产生说粗话不好的感觉。

在此基础上，教育孩子表达气愤、激动情绪和处理矛盾的文明用语和方法。和他人发生争执时可以说："你住口！""请你走开！""你不讲道理，我很不高兴。"或自己先走开等等。

◎对症下药

家长要解决孩子爱说脏话这一问题，就应先了解孩子说脏话的原因，然后再有针对性地给以指导。

如果孩子说脏话是因为没有明确的是非观念，家长就要在日常生活中，抓住每一个能增强孩子判断是非能力的机会，加以利用，进而给其深刻而有力的教育。孩子做得对的，应给以表扬；错的，及时给以善意的批评。

通过正反教育使是非分明，从而在孩子的头脑中形成正确的是非观念。这样，孩子在生活中就能够排斥不良影响，为形成良好的语言习惯打下基础。

如果孩子说粗话是因为发泄不满，家长就要随时教给孩子表达情绪的正确方式。家长可在孩子安静时告诉他如何表达心中的不满，如告诉对方"你没道理""我想你不对"等，甚至生气不理对方也行，总之比骂人更能解决问题。

如果孩子说脏话只是因为觉得新鲜好玩，故意说来取悦成人或表现自己，家长可在孩子每次说脏话时，表示出不高兴或不理睬他，几次下来孩子就不再津津乐道了。

此外，孩子的自制能力差，明白了骂人不好的道理之后，脏话有时还会脱口而出，所以家长要经常提醒他。如果孩子屡教不改，家长可采取适当的惩罚措施，明确告诉他，如果不改掉说脏话的毛病，就会失去某些权利，如不让他看喜爱的动画片，或取消送给他的礼物等。

自卑情结——成功经验多多，孩子自信满满

有个小女孩感到自卑，因为她的耳朵上有个小疤痕。女孩去找心理医生咨询，医生问她："疤痕有多大，别人看得到吗？"女孩说疤痕不大，而且已经被她用长发盖住了。

医生感到不可理解，便问她："既然盖住了，还有什么好介意的呢？"

女孩却回答说："我比别人多了一块疤，怎能不自卑和苦恼呢？"

其实，女孩的疤痕和拿破仑的矮小、林肯的丑陋、罗斯福的瘫痪比起来，又算得了什么呢？但他们没有因此而自卑，反倒还各自创出一番辉煌的成就！

自卑宛如加在心灵上的一把锁，它锁住了人的开朗与勇敢，也锁住了人的前途。它让人们在说话时不敢正视别人的眼睛，就连说话的声音也细得像蚊子声一样；在人多的地方，自卑者只敢坐在角落里，有什么想法也不敢表达，害怕说出来会遭到别人的耻笑；自卑者不敢主动和人交往，对于很想结交的朋友，也只是一再地找借口退却……

自卑是一种消极的心理，也是一种性格缺陷，而一个人的自卑性格的形成往往源于儿童时代。孩子总会遇到这样或那样的事，使自己感到自卑。例如，被老师批评了，自己穿的衣服没有小伙伴的好看，上台表演时出现了差错……每遇到这种情况，家长都心中暗暗焦急。这种情况会不会在孩子心理上造成阴影，会不会影响到他学习的积极性甚至伴随他一生呢？

每个家长都希望自己的孩子能成才，但很多孩子的自卑往往是由家庭环境及父母不恰当的教育方式造成的。我们认为，生活在以下家庭中的孩子较易出现自卑感。

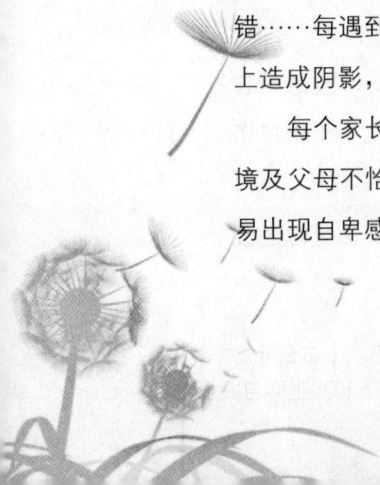

◎生活在破裂家庭中的孩子

由于得不到足够的父爱或母爱，与其他孩子相比，显然缺少一种优越感，从而导致自卑。

◎生活在崇尚"完美主义"家庭中的孩子

由于家长要求孩子将每一件事都做得十全十美，但实际上是不可能达到的，于是孩子常常受到家长过多的指责，使孩子怀疑自己的能力而产生自卑。

◎生活在家长能力特强的家庭中的孩子

这些孩子常会感到：爸爸妈妈样样都行，就是我不行。有时家长本身的行为也会妨碍孩子能力的发挥。尤其是父母处处代劳，事事包办，使孩子很少有机会去处理问题，锻炼能力，从而产生自卑。

◎生活在家长作风粗暴、专横家庭中的孩子

由于家长教育子女的方式简单粗暴，或采取棍棒教育，孩子自尊心遭到创伤而产生自卑。

家长应关注自己的孩子有没有自卑心理，一旦发现，尽早帮助他克服和纠正，以避免形成自卑性格。自卑儿童往往会出现以下征兆：胆怯怕羞、独来独往、猜疑心重、有自虐倾向、承受能力差。

如果发现自己的孩子已经有了一定程度的自卑心理，做父母的应该怎么办呢？

◎引导孩子正确评价自己

父母要引导和教育孩子对自己进行积极、正确、客观的评价，并且认识到任何人都具有自己的长处，也都会有短处或不足。要相信并发扬自己的长处，弥补自己的短处。

◎要教育孩子正确对待他人对自己的评价和期望

告诉孩子，有时社会评价一个人不一定是正确的，但需要个人正确地对待。比如，牛顿、爱迪生和爱因斯坦小时候都曾被人们称为"笨"孩子，可是他们后来都成为了伟大的科学家。

◎**要帮助孩子认识到自己在学习过程中的一些成功经验**

因为成功的经验越多，孩子的自信心也就越强。孩子对自己的能力往往认识不足，有时可能会做一些力所不能及的事情而导致失败，由此产生自卑心理。父母要引导孩子量力而行，父母对孩子的要求也应符合其身心发展特点。

◎**鼓励孩子去做，并适当降低要求**

有的孩子之所以变得自卑甚至越来越自卑，一个重要原因就是家长的要求过高，使得孩子时时处处被批评被指责。长此以往，每做一件事，他在潜意识中就总会对自己做出否定：我的脑筋不好使，这个事情我干不好，别人就是不大喜欢我，等等。

让这类自卑的孩子学会自我肯定的首要目标是：帮助他从自己的行为中获得满足和动力。不要奢求孩子能完美地做好每一件事，而应该首先鼓励孩子去做，然后努力发现孩子在做这件事的过程中哪怕一点点值得肯定的方面，从而一点点地增强他的自信心。要让孩子懂得：做该做的事，并努力把它做好，这本身就是成功，也是对自己最好的肯定。

◎**变更表扬的主语**

让孩子做出自我肯定的一个最简单方便的方法，就是变更表扬的主语：只要把"我"改成"你"，把"我们"（父母）对"你"（孩子）的表扬改变成"你"（孩子）对自己的表扬。这种简单的变化能够更充分有力地让孩子认识到自己的行为是正确的。如："你今天用积木盖起了这么高的大楼，我真为你感到自豪！"改为："你今天用积木盖起了这么高的大楼，你一定为自己感到自豪！"

◎**努力强化孩子的自我肯定意识**

许多自卑的孩子心中的自我肯定往往是脆弱、飘摇不定的，因而极其需要外界经常不断地强化。强化孩子自我肯定意识的方法很多，比如：要求孩子为自己准备一本"功劳簿"，让他每周至少一次写出(或画出)自己的"功劳"，并告诉他，所谓"功劳"，并不一定非得是很大的成绩，任何一点进

步，以及为这种进步所做出的任何小小努力，都有资格记载入册。

此外，家长还可为孩子准备一些小小的奖品（如画片、玩具、小人书等），每当孩子做出了一点成绩，或一件令他感到自豪的事，他就有资格获奖；你还可以教孩子学会以"自言自语"的方法不断对自己做出赞扬——当孩子遇到困难踌躇畏缩时，你不妨鼓励他自己对自己鼓劲："我可是一个不怕失败的好孩子，来吧，让我再做一次努力吧！"

当然，对于自卑情结，最重要的是防患于未然，父母在教育孩子的过程中，要避免因望子成龙，给孩子施加过大的压力，或总是拿自己孩子的短处去和别的孩子的长处相比，以免造成孩子产生自卑心理。

纠正学习中的坏习惯

学习成绩差的孩子并不是他们不会学习，而是没有养成学习的好习惯。他们在学习上存在很多这样、那样的坏毛病，只有改正了这些坏毛病，孩子才能成为一个真正的学习高手。

效率不高——与疲劳战术说"拜拜"

强强的父母对他要求很严格，在学习上，要求他一定要认真谨慎。强强刚念小学一年级的时候，由于功课少，而且很简单，因此做起来很迅速，也不怎么出错。可是爸爸妈妈说："怎么才半个钟头就做完啦？去，再好好检查一下，一个小时后再交给我们检查！"

一个小时过去了，他的答案应该没有什么问题，于是把作业交给父母签字。

"你看看，你看看，这个'了'字怎么写得像个'3'？拿去，把整个作业给我重写一遍！你就知道图快。"

这样的情形绝对不止发生过一次，父母总是想把他固定在写字台上。做功课不可以图快，难道花的时间越长越好？

后来，他做作业时开始有意地拖延时间，读书时也故意减慢阅读速度。20分钟就能完成的功课，现在有两个小时，如何打发呢？他只能装模作样地盯着书本，心里却老想着别的事。原因很简单，他要取悦父母，必须依照他们的要求行事：做功课越慢越好，只要人在写字台前就行了。

渐渐地，强强养成了做功课不专心，拖拖拉拉的习惯，学习效率很低。

现在，强强妈妈开始着急了："我的孩子很刻苦，常常学习到深夜，可是成绩却十分不理想，我也找不出原因在哪里。"

家长们现在应该明白了，原因就出在他们自己身上。在学习上，过于谨慎并不是一件好事，谨慎而缺乏效率往往是"强迫心理"的表现。还好，强强没有形成"强迫心理"，只是养成了"思想开小差"的习惯，做功课异常拖拉。俗话说"好心办坏事"，看来还真是这样。

正确的家庭教育方式是培养孩子学力高强的首要条件，强强的父母如果能早一些明白这个道理就好了。

学习效率不高、事倍功半的问题在许多孩子身上都或多或少存在着。面对这样的孩子，许多家长非常为难，不知道该怎么办才好。孩子已经很用功了，再抱怨孩子于心不忍，而孩子自己肯定比谁都更着急。通常来说，学习成绩最好的学生往往不是那些学习最用功的学生，而是那些摸索出了一套最佳的学习方法，学习效率高的学生。

怎样才能提高孩子的学习效率呢？

◎给孩子提供一个稳定良好的学习环境

如：有安静的学习空间，有可以做功课的桌子，有可供参考的资料，如字典、词典等工具书。与学习无关的东西，不要放在书桌上。总之，要保证孩子不受外界干扰，在学习时间内能够一门心思地进行学习。

◎注意帮助孩子在学习上和生活上克服拖拉、边学边玩、漫不经心等不良习惯

作为家长，可以跟孩子讲清楚：家里人的吃、睡、玩和学习都有规定的时间，规定孩子自觉安排学习时间，可以放学一回家就趁热打铁地进行学习，对当日学习内容进行加深巩固。这样严格要求，加强训练，就会提高单位时间内的学习效率，并形成良好的学习习惯。

◎注意帮助孩子改变在学习过程中马虎大意、不求甚解的学习态度

每天坚持检查孩子的作业，要求孩子做作业前不轻易下笔，要先把解题思路搞清楚，将方法步骤搞准后再落笔，写完后再认真检查一至两遍，这样持之以恒，才能保证作业的正确性。

◎不要给孩子搞疲劳战术

过大增加孩子的学习量，使孩子长期处于疲劳状态，会使孩子学习效率严重降低，久而久之，形成恶性循环。家长给孩子的学习任务要适量，有松有弛，每天挤一些时间给孩子，让孩子每天都有一段自由活动的时间，让他轻松一会儿，自由自在地玩一会儿。坚决反对用延长学习时间和无休止的补课作为提高学习成绩的办法。

◎教给孩子学习方法

孩子年纪小，生活经验不够丰富，在学习过程中总会碰到这样或那样的

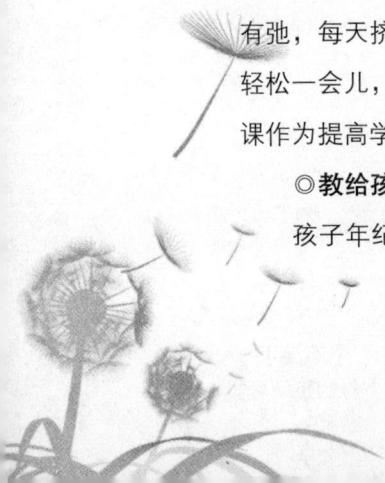

问题。如果学习方法不当，就会事倍功半，直接影响学习的积极性，所以家长应该主动帮助孩子，教给他们一些诸如记忆方法、预习方法、复习方法、阅读方法等学习方法，必要时亲自指导，使孩子能顺利地完成学习任务。

比如，向孩子推荐有关的课外读物时，告诉孩子正式读书之前要先浏览一下，先看看标题、引言、结论和图表，引导孩子学会将大问题分解成几个较小的、容易解决的小问题，阅读时，不断地提出问题，把难理解的地方记下来，读完后，让孩子和家长讨论，给孩子提出自己的见解，直到读懂为止。

不爱阅读——这本书有录音带

"我真不能相信拉塞尔老师要让我们星期五前读56页！我们才七年级。她不应该让我们读这么多的！"谢丽尔·米勒扑通一声倒进客厅的椅子里，把书往地上一扔。

爸爸把眼光从报纸上抬起来，皱了一下眉。

"我觉得56页不多。"他观察着她的反应。

"爸，我讨厌看书！要花很多时间，好多生词我都不认识！"

米勒先生放下报纸，认真地看着谢丽尔。他以为随着年龄的增加，读书对她来说会越来越容易的。小时候，她喜欢别人给她念故事，但她总回避自己念。老师告诉他谢丽尔很聪明、有潜力，他们根本不会想到她不愿看书会成为一个大问题。但现在她已经13岁了，难道不应该多看些书吗？

"谢丽尔，"他说，"为什么读书对你来说就这么难呢？"

她不耐烦地看着他："爸，我告诉过你，这要花很多时间，我也不懂我读的是什么。我不明白干吗要读书。几乎我喜欢的都会拍成电影。"爸爸皱着眉："唉，你有没有计划有一天要找个工作？想不想自己挣钱？"

谢丽尔点点头："这个嘛，当然——那是肯定的。"

爸爸继续说道："有多少工作允许你只看电影不看书的？"

谢丽尔耸耸肩："让我想一想。"

米勒先生在椅子里坐直了身子，探向她，用真挚的口吻问道："谢丽尔，你愿意读书读得更好吗？"

她想了会儿，不明白爸爸葫芦里卖的是什么药。

"当然啦。谁不愿意呀？但我讨厌读枯燥的东西。"

"没有人愿意读枯燥的东西，"他回答道，"但如果我们帮你练习读你喜欢的书呢？"

"我不知道我喜欢什么书，"谢丽尔坦诚地说，"我只喜欢与人交谈，做些什么事情，不喜欢坐下来看书。"

"哦，读书会让你自己变成一个很有情趣的人。"爸爸说，"我们也可以找找有没有像和朋友聊天那样有趣的书呀。"

几分钟后，他们站在一家大书店里的青年书架前，谢丽尔似乎被书架上那么多的书给冲昏了，爸爸感觉到了她的困惑。

"你想读个故事，还是想读如何做什么的书？"他问。

谢丽尔赶快回答："我更喜欢读故事书。"

米勒先生指导她看"小说部"："凭你的直觉挑一本吧。别担心有多少生词，看起来多难。如果你觉得还行，就看一看。"

谢丽尔花几分钟浏览了一下，又回到原来那本书上了。

"我喜欢这本，"她说，"我已经告诉过你我可能看不了。"

爸爸摇了一下头，对她拒绝的理由置之不理："事实上，谢丽尔，你不用读——我是说，不见得非得你自己读。"

谢丽尔有点困惑。爸爸从书架上拿了一本书。

"给，"他说着把那本书递给了她，"这本书有录音带。你可以边听边跟着读这本书，念这本书的人认识里面所有的词。我想你会发现这本书很有意思，而且它也有助于你学习较难的单词，理解故事的意义。你觉得呢？"

谢丽尔点点头。"我想我可以试一试。"她同意了，"我的朋友们也会

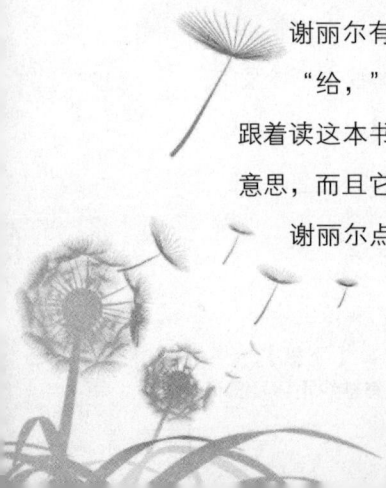

喜欢这本书的，也许我读完后，还可以借给他们呢。"

当他们等着付钱的时候，米勒先生瞥了女儿一眼。她在翻这本书，看上去真的很感兴趣，要看看里面讲的是什么。

"我要是几年前开始这样做就好了。"他想。

谢丽尔是依赖听觉学习的人，就是说，听和说比读或看更有助于她学习。由于很多学校作业都依靠视觉学习，她变得很气馁。但她心里有自强不息的欲望，明智的谢丽尔爸爸便想方设法地帮助她。

我们这个社会特别看重读写能力，它是我们成功接受教育和选择事业的垫脚石。任何年龄的孩子，家长和老师都会督促他们看书。如果你的孩子像谢丽尔这样，喜欢说话不喜欢读书，或者因为阅读能力差而灰心丧气，你一定要有耐心和恒心。

可以有多种多样的方式来树立良好的阅读榜样。教他们阅读的最好方法就是每天给孩子念东西，给孩子提供有录音带的书也是一种方法。这些方法几乎适用于从学龄前到成年人任何阅读水平的人。

对于不爱阅读的孩子，我们总结了以下几种方法来帮他们改正这种习惯：

◎**培养兴趣**

兴趣是人从事实践活动的强有力的动力之一。任何人，只要他对从事的某项活动有很大兴趣，他就能积极地、创造性地完成这些活动。相反，如果一个人对于从事的某项活动不感兴趣，不要说创造性地工作，即使是一般性地完成任务也是很困难的。因此，要使孩子养成读书的习惯，最好的办法就是设法激发和保护孩子对书的兴趣。

很多父母埋怨自己的孩子不喜欢读书，而实际上很多孩子读书的欲望正是被父母扼杀的。比如有些孩子常常缠着父母讲故事，父母对此不耐烦甚至恼火，对孩子往往不予理睬或者训斥。

其实，孩子喜欢听故事，正是喜欢读书的前奏和萌芽，许多这样的萌芽就是在父母的不理睬或训斥中枯萎的。正确的做法是，珍惜孩子的求知欲，选择些优美有趣的故事，不厌其烦地给孩子讲，并告诉孩子这些美好的故事都是从书上读来的，识字以后就可以自己读这些故事了，使孩子对读书有一种美好的向往。学龄前，可以适量地教孩子识字，指导孩子看一些图画书，然后逐渐引导、鼓励孩子自己去读书。

◎鼓励孩子读课外书

孩子上学以后，有了固定的学习任务，千万不要以为读课外书会影响孩子的功课。相反，要更加有意识地强化孩子的读书欲望，帮助、指导孩子选择那些既符合他们的年龄特点，又对孩子有良好影响的书。

有的孩子由于各种原因不喜欢读书，但偶尔一次却对某本书或对书中某一部分读得入迷，父母要立刻抓住这样的机会，巧妙地对其引导、激励，小心翼翼地保护这稍纵即逝的兴趣火花，添油扇风，直至它燃烧起来。或许这就是孩子喜欢读书的开始。

◎营造良好的读书环境

要根据家庭的居住条件和经济情况，给孩子创设较好的读书条件。如：安静的房间、桌椅、书橱、书籍等。父母要经常在孩子的"书房"里指导孩子读书、学习，或与孩子一起读书，耐心倾听孩子谈书中他认为有趣的内容，与孩子交流读书体会，使孩子经常体验到"书房"的温暖，对"书房"产生亲切感、依恋感。

在平常谈话中，可以有意无意地讲一些伟人读书的故事。要经常带孩子逛书店，只要家庭经济条件允许，应尽量满足孩子购书的愿望，但购书时要根据孩子的阅读能力、兴趣和书本内容慎重选择。

不要一口气购买大量的书回家，这样反而会使他们不知道先看哪一本好，或者每一本都匆匆翻过，急着看下一本，无法细细体味读书的乐趣，从而降低对书籍的兴趣。应该要求孩子买来的书一定要看，否则就不能再买。

培养孩子读书的习惯对于孩子独立思考和自我教育能力的发展有着极其重要的意义，是少年儿童开发智力、发展能力的重要手段。父母应该对孩子进行耐心细致的培养，使孩子养成读书这一终身受益的好习惯。

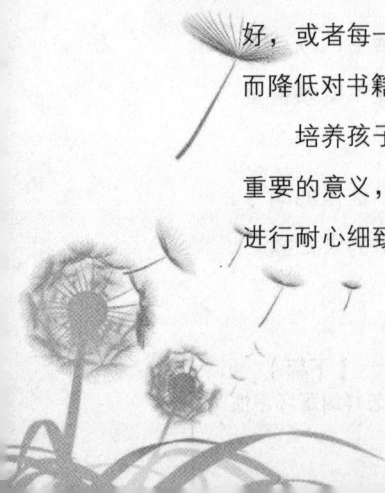

厌学、逃学——遇上一个"坏小子"

刘伟是个让家长和学校都头疼的"坏小子"，自上初三开始，他就染上了厌学的坏习惯，三天两头不去学校，老师反映到家里，刘伟的父母才知道情况。因为刘伟平时表现得很正常，早晨该上学了，他背起书包离开家，晚上到放学时间他也能按时回去，妈妈没有看出任何破绽。得知儿子在学校的不良表现，刘伟的父母着急了，他们对孩子进行批评教育，但情况似乎仍不见好转，学校也为此伤透了脑筋。

像刘伟这样不爱上学的孩子不在少数，事实上，有相当一部分孩子都存在着厌学、逃学的不良情绪。上海精神卫生中心对3000名适龄学生的抽样调查显示，大约25.4%的学生害怕或拒绝上学。

这部分学生逃学的原因主要都在于害怕学习，厌烦学校的管教。有的是因为成绩差，在学校里容易感觉自卑；有的是害怕考试，害怕老师检查作业；有的是因为和同学的关系处得不好。

这样的孩子大都丧失了对学习的兴趣，组织纪律性差，再加上有了这样的心理包袱，他们便经常找借口来逃避去学校，比如跟妈妈说生病了，赖在家里不肯去，或者直接瞒着家长和老师，自己出去玩了。这不仅对孩子的安全不利，而且还容易让孩子在不恰当的交往中沾染上一些坏习性，这让家长非常忧虑。

怎样才能纠正孩子厌学、逃学的坏习惯呢？我们给家长的建议是：

◎**搞清楚孩子不爱上学的原因，对症下药**

一般来说，孩子厌学有几个原因，比如，有些孩子十分依赖家长，不愿意离开自己的父母；有的孩子是因为家长或老师对他们太严厉，从而使孩子对上学产生一种恐惧感等等。

◎**培养孩子独立的精神，与同学积极相处，融入到学校的大环境中**

要从小培养孩子的独立性，让其多与同龄的伙伴接触，从而具有一定的社交能力。鼓励孩子走出家门与小伙伴一起玩耍，对到自己家里来玩的小伙伴也应表示欢迎。

◎**逐步培养孩子的学习兴趣，不要急于求成，给孩子施加太大压力**

在对待孩子的学习上，不要急于求成，对孩子施加太大压力，应逐渐培养孩子的兴趣，让孩子喜欢上学习这才是治本的办法。

在这一点上，家长可以和学校沟通，让老师也同时给予孩子关爱，让孩子感到温暖。在轻松的环境中学习，能使孩子把学习看作是一件愉快的事情，使之从害怕上学而变为自觉主动地上学。

在教育孩子的时候，表扬和鼓励应多于批评与责骂，也就是说，家长不要忽略孩子的任何一点进步，即便是孩子只取得了微不足道的成绩，也应给以表扬，让其树立自信心。指出孩子的不足之处和小毛病时，要尽量用温和的语气，使之容易接受。这样才能让孩子更好地学习和生活。

◎**家长切忌情绪冲动，不能不问青红皂白，就对孩子进行教训**

对待孩子的逃学现象，家长切忌情绪冲动，不能不问青红皂白，就对孩子进行教训。这很有可能将孩子原本不多的求学热情扫荡得一无所存，也易使孩子因怕被打骂而撒谎。

再者，如果家长教训得太重了，就会给那些不良分子以可乘之机，使孩子更快地向那些人靠扰，这样做的后果是不堪设想的。

正确的做法应是来个"冷处理"，先平息自己心中的怒气，然后再积极地去了解孩子逃学的原因。弄清原因，才能对症下药，教育好孩子。

◎**为孩子创造一个温馨、和睦的家庭环境**

这一点对孩子的成长起着至关重要的作用。不完整或者家庭气氛不和谐的家庭会严重影响孩子的心理健康，从而使孩子滋生孤僻、反叛的心理。父母应该充分考虑到这一点，尽量避免发生争吵及离异，以免给孩子幼小的心灵留下阴影。

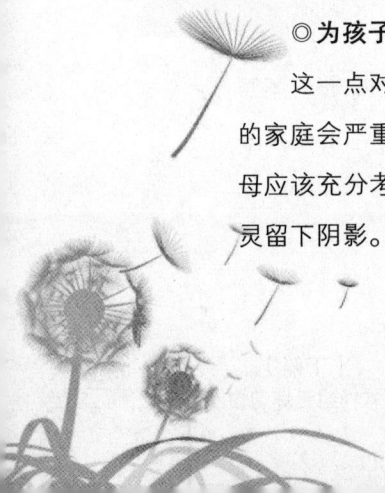

抵触老师——心理换位法

我国是一个有着几千年尊师传统的国度，然而就是在这样的优良文化传统下，很多孩子却与老师关系紧张，对老师有着不同程度的抵触情绪。比如说害怕老师，见了面不打招呼，反而是想着法子溜走，有的甚至当面顶撞老师。

孩子对老师产生抵触情绪的原因有很多，有的是因为不满老师的教育方法，受不了老师的批评；有的老师对差生存有偏见，认为学习好就一好百好，对差生言辞偏激，挫伤了孩子的自尊心，从而使孩子产生抵触情绪。

上小学一年级的小刚在课堂上纪律性比较差，不仅小动作多，而且还影响其他同学听课。老师经常批评他，甚至让他站着听课。久了，小刚对老师产生抵触情绪，在课堂的表现越来越糟糕，下课还躲着老师。

老师找小刚的父母谈话，反映小刚在学校违纪的情况，小刚的父母不敢相信这是真的。因为小刚平日在家里是很乖的，特别害怕他的爸爸，只要他爸爸在家里，他都不敢大声说话。胆子这么小的孩子怎么会在课堂上捣乱，并且抵触老师呢？

通过小刚这件事，小刚的父母意识到由于他们在家里过分约束了小刚的行为，他不能像其他孩子一样舒展自己的身心，自由表达自己的思想，因此他希望在学校里得到释放，以致造成经常违反纪律的现象。

小刚的老师也意识到自己不了解小刚的实际情况，不是在满足小刚的需要的基础上对小刚提出要求，而只一味地要求小刚像其他同学一样遵守纪律，结果适得其反，使小刚产生了对老师的抵触情绪。发现问题以后，小刚的父母与老师积极配合，使小刚改正了坏习惯，他和老师的关系也变得融洽了。

有的孩子内心孤僻，不善于和外界交流，对老师存有一种戒备心理，不由自主地表现出抵触老师的言行。对此，老师要以真诚的爱来感化孩子，让孩子敞开心扉，接纳老师。

许燕上五年级的时候，她的爸爸因为犯法被判入狱13年，妈妈靠卖水果养家。据老师介绍，许燕以前在县城的一所公办小学读书，由于爸爸的缘故，再加上家里穷，许燕在学校里经常受到欺侮，有一段时间干脆就不去上学了，后来才转到了这里的乡镇小学。

但是，曾经受到的伤害已经深深烙在许燕幼小的心灵上了。在学校里，许燕不学习，老师问她，她就说："我就不好好学，我学好了，你们就要挣我家的钱。"这句话让老师备感心疼。她和其他孩子们商量，决定以实际行动来帮助许燕。于是，孩子们从家里带来吃的、衣服、鞋子等，课间休息时和许燕一起做游戏。慢慢地，许燕不再那么抵触老师了。两个多月过去后，许燕学习的劲头明显提高了许多，脸上渐渐有了开心的笑容。

家长怎样帮助孩子消除对老师的抵触情绪，全心投入到学习中来呢？我们给家长的建议是：

◎给孩子创造一种宽松、自由地发表意见的心理氛围

当家长发现孩子对老师有抵触情绪时，要及时给孩子创造一种宽松、自由地发表意见的心理氛围。让孩子毫不隐瞒地讲清楚受批评的原因、自己的态度和被批评时的心情，家长要认真倾听，并采取适宜的方法解决。

如果是属于孩子认识偏激或行为错误时，家长要积极引导；如果是属于老师处理问题存在片面性或有失误时，家长要积极主动地与老师交换意见，以化解孩子的抵触心理。

◎心理换位法

改变孩子抵触老师的最为理智的办法，就是心理换位——试着让孩子置身于老师的立场去思考、去感受，发现老师的难处。家长切忌在没搞清事实真相之前，就简单粗暴地批评孩子或对老师表示不满。这既不能使孩子从中受到教育，也不能缓解师生间的矛盾，还增加孩子对老师的抵触情绪。也有的家长对孩子一向很溺爱，不能客观地看待孩子，觉得孩子什么都好。一旦

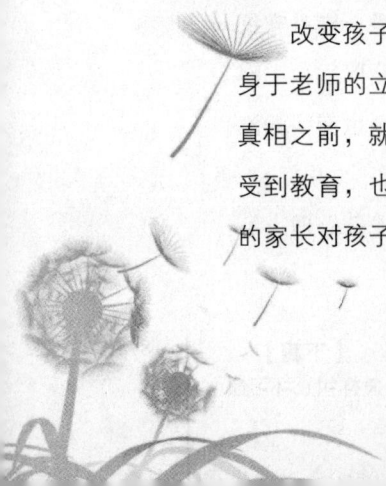

孩子对老师有意见，就不假思索地指责老师。家长这种不经调查研究、草率表态的做法，将助长孩子对老师的抵触情绪，并对孩子的人格形成产生极坏的负面影响。

◎**家长要了解孩子在学校的表现，老师也要了解孩子在家中的行为**

这对家长和老师共同教育孩子、避免孩子对老师产生抵触情绪是极其重要的。老师不可能在短时期内对班上每一个学生都有很全面的了解，所以在评价学生时总会产生一些偏差，如果此时家长能及时提供孩子的日常行为状况，有利于老师实施教育。同时，家长也应该逐步将孩子视为一个求知的学生，而不再是成天被捧着的、被护着的小宝贝。

为了让孩子对学习感兴趣，并保持较高的学习效率，就必须尽可能避免孩子由于对老师的抵触情绪而产生不愉快的学习体验。同时，要让孩子懂得，对老师的尊重并不等于认为老师做得都对，对老师有意见就应该向老师提出来，只是需要讲究一些策略。

被动学习——学习的目的是什么

调查表明，学生被动学习、积极主动性差已经成为当代青少年普遍存在的问题。很多孩子不爱学习，或者是学习不刻苦，知难而退，他们的学习动机不是为了学习而学习，而是在家长与学校的压力下学习，他们的学习目的或者是为了让别人能看得起自己，或者是为了满足父母对自己的期望，得到老师的重视，或者是为了升学、考试等等。

无论是为了自己的面子，自己的发展，还是为了报答父母等，都是把学习当作一种手段。从这一点来看，孩子们在面对学习的时候，主动性有可能欠缺。我们之所以说"有可能"，是因为有的孩子在一些目的的驱使下，也会很努力、很主动地去学习，但这种学习是存在某些功利目的的，这些目的在一段时间内的确可以促使他们努力学习、主动学习。但这种主动性的动力来源却未必能够长久。当他们的功利性目的达到以后，学习的主动性就会渐渐消失。

也有一些少年儿童，在经过一段时间的努力之后，他们或许感到自己力量微薄，当他们认为自己不可能达到想要的学习目的时，也有可能把坚持了一段时间的主动学习变成被动学习。因此，在生活中，我们才看到那么多孩子在父母的逼迫下，无奈地学习，被动地学习，有的孩子甚至为此而逃学。

在各种学习目的中，唯有以知识需要作为目的，才能使孩子真正热爱学习、主动学习。也就是通过学习和获得知识本身，学习者就能得到满足，获得知识本身就是学习的目的。认知需要，这种以知识本身为目的的需要，是最稳定的学习需要。

一个孩子不热爱学习，在学习过程中经常处于被动的学习地位，这样的学习生活将给他们的人生带来很大的烦恼。为了每一个孩子都有一个快乐的人生，培养孩子从小养成主动学习的好习惯，对孩子的成长非常重要。

纠正孩子被动学习的习惯，父母应注意这几个方面：

◎**培养孩子对学习的兴趣**

一个人只有对学习形成了浓厚的兴趣，才会把获得新知识作为自己的内部需要。家长应该让孩子认识到知识的力量是无穷的，学无止境。比如家长在孩子的学习中可以寓教于乐，让孩子积极参与，从日常生活中的各个方面学习知识。

有了乐趣，孩子的参与就成了他们的自主行为，学习有趣，才能使孩子精神饱满、兴趣盎然、全神贯注，因此产生强烈的求知欲望和主动探索的兴趣。

◎**家长在辅导孩子学习时，态度应和蔼可亲，和孩子建立一种平等、互助的关系**

家庭的气氛应当是和谐的，这样才能够强化学生的主体意识。教育孩子要敢于陈述自己的想法、主动思考，从而调动孩子学习的积极性，使孩子的认知能力得到充分发挥。

◎**注意动手操作，让孩子积极主动参与**

儿童的思维发展顺序是：直觉动作思维→具体形象思维→想象逻缉思维。因此，儿童最初学习数学概念和计算方法时，必须让他们亲自动手操作，从动作感知到建立表象，再概括上升为理性知识。

孩子能一边操作，一边学习，这也是主动参与的表现。电脑在学习中的广泛运用，也有利于激发孩子的兴趣，让孩子更为主动地学习。

◎**学习中最大的乐趣莫过于看到学习的成果**

家长要努力使孩子的学习练习做到难度适中，体现多样性、层次性、趣味性等特点。这样孩子在面对学习任务时就不是望而却步，而是跃跃欲试了，使孩子不但掌握了知识，培养了能力，而且树立了敢于探索的勇气和信心。特别是成绩差的孩子，也有了强烈的参与意识，在创造的气氛中被唤起了创造的欲望。

不爱问问题——只学不问，难成学问

无论是在学习上还是在生活中，孩子都会有很多的疑问，你会发现很多牙牙学语的孩子就会提出很多的"为什么"了。上了小学以后的孩子，他们对知识充满了好奇，充满了兴趣，他们的"为什么"会特别多。此时，学校、家庭、社会要随时满足孩子们的"为什么"，如果有哪一方没有满足，甚至孩子还受到打击的话，孩子的积极性就会被打消，严重的话，就不敢提"为什么"了。

有的家长说："我的孩子对自己不懂的问题，哪怕很重要的，他也从不肯问别人。无论是老师还是同学，甚至包括家里人。对此，我说过孩子很多次，但作用不大。到底该怎么教育孩子呢？"

还有的说："我的小孩自上高中以来，其他方面都蛮好，就是在学习上遇到问题时总不爱问老师，上课也不积极回答问题，偶尔被叫起来回答问题，也是支支吾吾，前言不搭后语的。说了她不知多少次，可就是不见什么起色，学习成绩也渐渐往下掉，真急死人了。到底是怎么回事？该怎么办呢？"

对于一些孩子不爱问问题的坏习惯，我们可以从以下几个方面来纠正：

◎要帮助孩子克服心理障碍，让他们认识到学会提问的重要性

可以通过爱迪生问"我能孵出小鸡来吗"，牛顿问"苹果为什么往地上掉"等具体事例，教育孩子学习科学家善于思索探究的思维品质，使孩子懂得"疑而能问，已得知识之半""思维自疑问和惊奇开始"的道理。

◎设法经常锻炼孩子的胆量

比如直接让孩子买点小件物品，家里油盐酱醋没了，可分派孩子去买，不要老怕他弄错而什么都不让他干。再是鼓励孩子自己去串门或做客。双休日、寒暑假要让孩子到亲戚家、同学家多走走，不要老让孩子待在家里看电视。另外，还要多带孩子外出旅游或参观。总之，要积极鼓励孩子多参加社会实践，多接触人。实践多了，胆子就大了，也就敢于问别人了。

◎营造宽松的家庭氛围

家长平时要尽可能营造一个宽松和谐的家庭环境。对孩子的提问要认真对待，不要轻易阻止。孩子年幼，有时可能问得很荒唐、很冒失，或者不够得体，对此，家长既不能训斥，更不能讥讽、嘲笑。对孩子提出的问题，家长能回答的要尽量给以满足；一时不能回答的，可启发孩子去问别人，或者去查找资料。

另外，家长还要经常和孩子用平等的态度一道玩耍，一道学习，一道讨论问题。有时也可以特意出几个问题让家庭成员一起来讨论和争辩。孩子在家中养成了敢于提问的习惯，到了学校或社会，自然就会主动地提问了。

◎培养自信心，克服自卑感

许多同学不爱问老师，其实是"怕"老师；不回答问题是因为怕"回答错了被同学嘲笑或老师批评"，或者曾经遭受过这方面的挫折。久而久之，形成一种"恐问症"或"恐答症"。归根结底原因在于好面子和自卑感强，

为了不丢暂时的面子，宁可让问题堆积起来。

消除这一症结的方法就靠培养自信心，鼓励孩子提问，大胆走出第一步。让孩子找一位他自己认为最亲近的老师提出一些问题请教，慢慢锻炼胆量，再过渡到问其他老师，以至习惯成自然。

◎耐心教育，帮助孩子树立"不断求问"的精神

要让孩子明确"学问学问，要学要问；不学不问，不成学问；只学不问，也难成学问"的道理，从而形成孩子不断寻求问题、分析问题、解决问题的内在动力。

◎教给孩子正确的提问技巧

引导孩子学会寻找问题、分析问题的症结在哪里，有疑而问；和孩子探讨怎样提问才能使老师明白你所提的问题，尽量做到表达清晰准确，口齿清楚；还要教育孩子提问时要注意礼节，懂礼貌；一时不懂的问题，不要灰心着急，回去思考之后再问老师等等。

粗心大意——给孩子制一个"错题集"

粗心是一种很常见的现象，不单是孩子身上有这种毛病，许多成年人也有。一般说来，粗心大意的毛病在孩子身上表现得特别明显。

"我们的孩子挺聪明的，可是总考不了一百分，这马虎的毛病可怎么治啊？"不少家长为此犯愁。

粗心的原因是多方面的，有的是性格问题，急性子爱粗心；有的是态度问题，对学习不认真就容易粗心；有的是熟练问题，对知识一知半解最容易粗心；有的是认识问题，没认识到粗心的危害……

有一位爸爸讲述了他怎么帮助女儿改正粗心毛病的经过：

女儿数学考了59分，大哭一场，分析原因，一半分数因粗心而丢。粗心让成绩大打折扣，确实可惜。

我问女儿："你为自己的粗心痛惜时，有没有想过为什么那么粗心？"看到女儿好奇的表情，我帮她分析。其一，粗心和知识掌握不扎实有关，2＋3等于几，你随口答来一定不会错，但一年级孩子就可能错，因为他还没形成自动反应。所以，基础知识的掌握，到了能自动反应的程度，粗心会大大减少。其二，粗心和习惯有关，比如平时做作业马虎，粗心惯了，考试时便不由自主地犯老毛病。所以，平时杜绝粗心，考试才能不丢分。其三，粗心与性格有关，你大大咧咧的性格有可爱的一面，但不拘小节办事粗心，反映在学习上，容易导致失误。

有了理论还要有实践，我安排她做一些需要耐心的事（枯燥简单的劳作等），督促她提高平时作业完成的质量。此外，我还教她预防粗心的技巧，如写张提醒条放桌上；复查时用反向代入法检验；编一本错题集，了解自己易出错的地方，以便提防，重点检查。

另一位妈妈说，儿子很粗心，作业错误不断，糟糕的是考试也不例外。"期中考试前我检查他所有作业，结果令我吃惊：至少有20％的题目因粗心而错。这个问题非解决不可。我发现儿子做题直线向前，义无反顾，根本没想到还需要检查，他把检查工作全部留给家长和老师了。家长和老师查出错误，他愿意改，可他自己从不主动发现错误。于是，我向他提出要求：

第一，放慢做作业的速度；

第二，自己必须检查；

第三，检查方法是做一道检查一道，确信没错再做下一道。

很快，儿子粗心的现象明显减少。我觉得我对孩子进行了一次成功的教育，因为我认为，教育就是解决问题，问题就是孩子做作业粗心，而教给方法比端正态度更重要。因为对于孩子粗心的问题，父母反复叮嘱他细心，简直毫无意义。

可见，解决粗心问题必须对症下药，根据产生粗心的原因，有针对性地做工作。现介绍几种方法供家长参考：

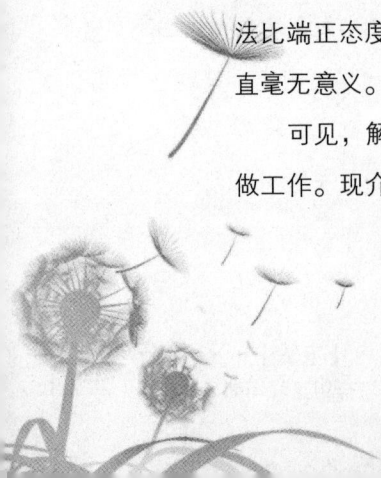

◎给孩子制一个"错题集"

让孩子把每次作业中的错题抄在"错题集"上，找出错误的原因，把正确的答案写出。这实际上是一个错误档案。孩子出现错误的原因多是粗心，做一本"错题集"有利于他认识错误的危害，下决心改正。"错题集"是孩子自我教育的好办法。

◎草稿不要太草

不少孩子粗心是从打草稿开始的，所以家长要教育孩子草稿不要太草。从打草稿开始就要严肃认真，这有利于克服粗心的毛病。

◎不要依赖橡皮

橡皮是造成粗心的一个根源，反正错了可以擦，于是错了擦，擦了错，孩子不在乎。家长如果限制孩子使用橡皮，错了不许擦，孩子就会认真一点。"三思而后行"，想好了再做，争取一次做对。

◎学会自检

有些家长总怕孩子错题，得不了高分，于是天天给孩子检查作业。这样做使孩子养成了依赖心理，反正错了妈妈能给检查出来，所以做题时粗心大意。家长不要给孩子检查作业，让孩子养成自检的习惯。错了又没检查出来，就让他不及格。这样他才能认识到粗心的危害。有了自检的能力，粗心的毛病才能克服。

◎让孩子考家长

让孩子出题考家长，孩子很感兴趣，他们会故意出些容易错的题，把家长考住。家长故意粗心，让孩子批评，这时对孩子也是一种教育，将来他们做题时也会防止粗心。

偏科——刘海洋悲剧的潜台词

观察构成一个组织的各个部分，我们很容易发现，各个部分往往是参差不齐的，而决定整个组织水平的往往是那个最薄弱的部分。

观察一个人也是同样，每个人都有优势和劣势，它们共同构成了一个人的能力，然而，如果他的致命的劣势无法改变，他的一生都无法接近成功。

孩子们也是如此，学习能力发展失衡如不能得到及时纠正，过分强调孩子的优势或特长，而忽视甚至放弃孩子的弱势能力，势必影响孩子未来的学习和生活。

在学习上，很多孩子都存在偏科的现象。轻度的偏科影响孩子的学习成绩，若是任其发展下去，极其严重的偏科还会给孩子的人格造成缺陷。

刘海洋生活在一个单亲家庭中，出生仅56天，因父母离异，他就失去了父爱。夫妻离异使得刘海洋的妈妈认为：家庭平安，不出事非，最为重要。因此，她严加管教自己的儿子，坚持"自己不去做的，孩子就不知道；自己不去引导的，孩子就不去做"的家庭教育信条。

刘海洋枯燥的童年生活是和一篮积木和塑料拼板相伴度过的。21年，妈妈完全为他设定了生活轨迹。刘海洋也从不敢对妈妈说一个"不"字。这样的家庭教育使得他几乎失去了自我价值判断的能力，虽然后来成为清华大学的高才生，但他仍在一种童稚心理中不能自拔。

最具代表性的事例是：直到上了大学，刘海洋才学会骑车。在生活上他对妈妈的依赖性依然很强，甚至走哪条路骑车上学安全也要向妈妈请教。每周日，妈妈为他买两个面包和一袋饼干作为早点，他肯定会按照妈妈的安排，先吃面包，再吃饼干，即便天热面包坏了，也不会打破这种规律。

唯一的一次"反抗"出现在刘海洋填报高考志愿时。当时他喜欢生物，可妈妈认为他该学计算机，就把他填写的志愿涂了，可他自己又给改了回来，妈妈又改，他再涂……妈妈告诉他要再改她就把志愿单撕了，他才哭着同意了。

虽然在数理化方面的学习能力一直为人瞩目，也曾代表清华大学赢得全国大学生数学建模大赛二等奖，但是，刘海洋却对文科不感兴趣。妈妈特意买给他的唯一一部小说《水浒传》，他多年来碰都不碰。

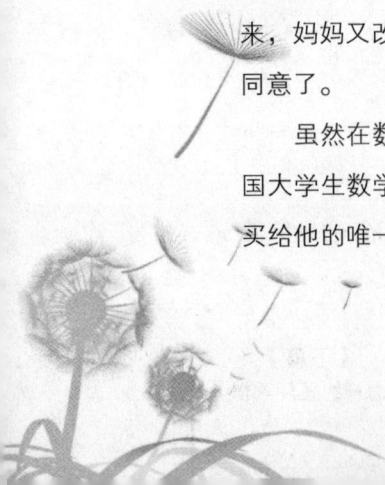

知识结构的严重失衡导致了刘海洋认知领域的畸形心态。最后，才有了他用硫酸残害大黑熊的悲惨一幕。

当然，并不是每一个偏科的孩子最后都会拿硫酸去残害大黑熊，刘海洋伤熊事件仅仅是一个极端典型的例子。但偏科对孩子的发展具有极大的危害性却是毋庸置疑的。

有专家通过跟踪调查研究发现：如果学理科的学生不懂文科，他的思维方式会受到很大影响，将来创新能力也肯定不行。从现象上看，这种学生的表达能力、文字书写能力差，甚至无法把自己的观点在论文中很好地表达出来。

从长远来看，将来他毕业后科研项目的申请报告、论证报告、结题报告都需要好的文科知识。知识面的狭窄会影响他对新事物、新学科的接受，甚至还会妨碍学术交流，影响学生的进一步发展。

父母应该对孩子的偏科现象给予足够的重视，并及早加以解决。中小学是孩子的基础教育阶段，孩子们应该在这一时期为日后成才打下坚实的基础。任何一门课程的偏废，都会为日后的高楼大厦埋下严重的危害因素。从未来的工作需要看，日后每个人的工作都将是综合性的，且工作变动性很大、很快。一项工作、一个问题的解决，往往要用到许多领域的知识——培养复合型人才已成为国内外教育界一个公认的目标。

实践证明，孩子学习偏科不利于孩子的发展。家长应该怎样帮助孩子纠正学习偏科问题呢？

◎要向孩子阐明学习偏科的危害，培养正确的学习动机

中小学阶段，属于基础教育阶段，是为孩子日后成才打下坚实基础的阶段。各年级开设的各门学科都是为了孩子的全面发展而经过科学论证和实践检验设立的，偏废任何一门课程，犹如修建高楼大厦时地基缺了关键的东西，其后果是很严重的。

而且，要让孩子认识到，要学好数理化，没有坚实的语文功底是不行的，没有结实的身体是不行的，没有艺术细胞和丰富的想象力是不行的。各

学科之间是相互联系、相互渗透的。

中小学生偏科现象的存在，导致了眼下许多大学生"会说ABC"，"会解XYZ"，但却写不出一篇像样的文章来，甚至给导师写假条都有错别字、用错标点符号、不懂格式——这些人不得不回头再学中学语文。事实证明，许多优秀的科学家，除了具有广博的专业知识以外，还有相当高的文学修养、艺术修养。

◎激发孩子对"非优势学科"的兴趣

如孩子在理科学习方面取得了成绩，而文科不足，此时可鼓励孩子："你数学学得这么好，语文能不能也学得这么好呢？试试看。"家长平时也可和孩子一起分析某一篇课文的写作特点，甚至也可"请教"孩子一些语文方面的问题。许多孩子语文不好主要表现在写作不好，此时家长可鼓励孩子写日记，模仿一些名篇的布局、结构，购买一些文学名著，订阅一定数量的文学报刊，鼓励孩子向报社、期刊社投稿，参加一些写作比赛，逐渐提高孩子学习语文的兴趣。

◎家长要有耐心，纠正学习偏科不能一蹴而就

家长要热情地辅导孩子的"非优势学科"，善于发现孩子的点滴进步，及时予以肯定和鼓励，激发孩子对该学科的兴趣，增强信心。长期坚持下去，学习偏科的问题就会逐渐得到解决。

纠正生活中的坏习惯

　　很多家长对于孩子生活中的坏习惯一直不以为意，其实他们不知道，这些坏习惯将会影响孩子的一生，给他们的健康、学习、交往带来种种问题。

偏食、挑食——营养均衡，健康成长

偏食就是专挑喜欢吃的几种食物吃，而对不喜欢吃的东西碰也不碰。长期偏食不仅会引起孩子营养比例失调而造成消瘦、贫血、对疾病的抵抗力低等症状，而且还会严重影响孩子的生长发育。

此外，偏食还容易使孩子形成任性、依赖、神经质等毛病，绝对不可轻视。据有关医学资料报告显示，现在临床疾病中有一半以上是由不良饮食习惯——偏食引起的。

在现实生活中，孩子偏食、挑食的现象普遍存在，而且极难纠正，这已经成为了一个让所有父母头疼的大难题。

3岁的卢克不喜欢吃青豆，但为了让儿子得到均衡的营养，卢克爸爸特意煮了一大锅青豆，并下定决心非要让卢克把那些湿漉漉的小东西吃下去不可。

经过一个多小时的训斥、威胁、哄骗和不厌其烦的劝说，卢克爸爸仍然没能达到目的。眼泪汪汪的卢克紧闭双唇，坐在饭桌边，一小勺青豆也没有吃下去。

最后，靠着更严厉的威胁，卢克爸爸终于设法把一口青豆塞进了孩子嘴里。但是，卢克根本就不肯把它们咽下去。临睡时，妈妈除了把孩子放到床上，让那些青豆仍留在他嘴里之外别无选择。

第二天早晨，妈妈在卢克的床底下发现了一小堆糊状的青豆。

爸爸妈妈都很困惑，卢克怎么会那么倔强？

当然，并不是每一个小孩都像卢克这么倔强。但确有许多孩子都会在吃饭问题上和父母较量一番，这是他们很喜欢玩的一场游戏。

即使很小的孩子也能很容易地紧闭自己的小嘴。你有什么好办法能够强迫孩子吃他不想吃的东西吗？只要和任何一位有经验的父母聊一聊，他们都

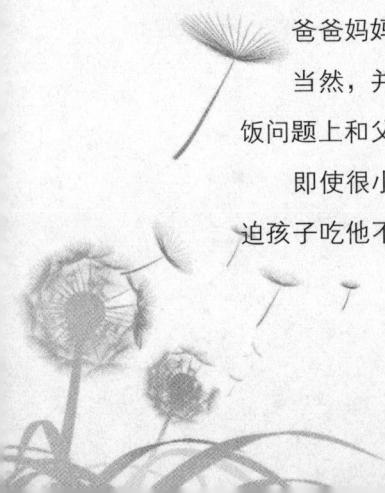

会告诉你这实在很难。经常听到一些家长抱怨说："我最发愁的就是孩子的吃饭问题了，平时看着挺可爱，一吃饭，什么毛病都来了，青菜不吃，鱼不吃，那个有怪味不吃，这个苦苦的不吃；好不容易吃了两口，转身就跑，还非得大人哄着、追着喂饭，一口饭能在嘴里含5分钟，吃不完的东西到处乱扔，身体又瘦又小，真让人没办法。"

很多孩子都像卢克一样，存在着偏食的坏习惯。年龄越小的孩子，越容易偏食、挑食。养成挑食习惯的孩子，他们的胃口都不会好。这是因为挑食抑制了消化液的分泌。

对于家长来说，当你辛辛苦苦地为孩子准备好了一桌丰盛的饭菜，而你的孩子却皱着眉头，这也不想吃，那也不感兴趣，你肯定会感到很失望。而且，最让你揪心的还是孩子的身体健康将大打折扣。因此，纠正孩子偏食、挑食的坏习惯，是家长必须认真对待的问题。

孩子偏食的原因有身体因素，如消化不良或食物过敏反应等，但更多的是环境和心理因素。比如，孩子受家长偏食习惯的影响厌烦某些食物，或家长强迫孩子吃某种食物而造成他的不愉快体验才予以拒绝，等等。

对于病理性的偏食，家长应当带孩子去医院检查病因对症下药，而对于心理性的偏食，则需要家长以身作则，耐心引导，及早发现，及早纠正。

为纠正孩子偏食的坏习惯，我们特为家长提供了以下一些方法：

◎**家长不要在孩子面前说自己不吃什么或者什么菜不好吃**

家长不要当着孩子的面说"我不爱吃这种菜""我一吃这种菜就肚子痛"之类的话，以免加深孩子对某种食物的厌恶感，引诱孩子挑食。因为成人的饮食观念和习惯往往会影响孩子对食物的偏好。

◎**尽量使饭菜适合儿童口味**

做菜时要注意烹调方式，尽量烧得得法，适合儿童口味。

◎**切忌顺着孩子的性子来**

千万不可娇惯孩子，不能一见孩子不吃某些菜就不再给他吃这些菜。

◎**要注意纠正孩子偏食的方法和时机**

家长要积极启发孩子对各种食物的兴趣，千万不要用强制的方法强迫孩子吃某种他不喜爱吃的食物。在纠正孩子的偏食习惯时，家长要注意在孩子胃口好、食欲旺盛的情况下进行。

◎**少给孩子吃零食**

吃饭之前，家长要尽量少给孩子吃零食，尤其是甜食及冷食。除此之外，家长还可适当增加孩子的活动量，促进其食欲。

◎**家长要有纠正孩子偏食的决心和耐心**

对因偏食影响健康且十分任性的孩子，家长既要有决心，又要有耐心。

赖床——选择恰当的时机叫孩子起床

孩子爱睡懒觉，早晨不能按时起床，这是家长面临的一大难题。一般情况下，这样的孩子还同时存在着晚上不能按时上床睡觉的问题。

杰克读三年级了，身体长得很结实，学习成绩也很好，而且非常听话，深得全家人的喜爱。然而最近妈妈却发现杰克不知从什么时候开始变得爱睡懒觉了，常常是快要到上学时间了才急急忙忙地起床穿衣，有时甚至连早餐都来不及好好吃就往学校跑。

孩子以前不爱赖床的啊，这到底是怎么回事呢？杰克妈妈感到很疑惑，于是，她开始仔细留意杰克的言行举止，亲切地询问孩子的各种情况，检查孩子的身体有无不适，还与学校老师联系，了解孩子在校的情况……终于，杰克妈妈找到了杰克发生变化的原因，原来学校前段时间组织了一个足球队，小杰克因为身体素质好被选上了，每天要参加学校足球队下午的训练。由于体力消耗大，疲劳过度，孩子爱睡懒觉了。

搞清楚原因之后，杰克妈妈与学校取得了联系，与老师一起探讨孩子集训的适当安排，同时她又鼓励杰克要坚持集训，克服困难。此外，妈妈还从

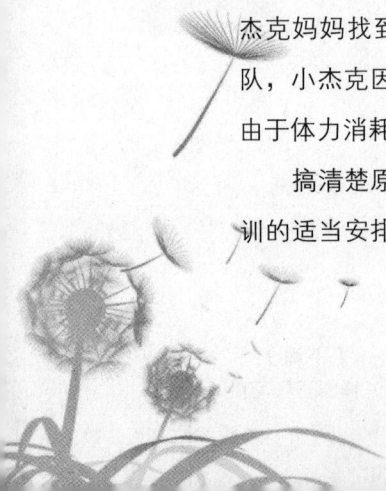

每餐的饮食上下功夫，全面补充杰克的营养。为了解决杰克赖床的问题，妈妈还特意为儿子买了一个小闹钟。经过共同努力，杰克很快就改掉了爱睡懒觉的坏习惯。

从上面的例子可以看到，纠正杰克赖床习惯的关键是要找到他爱睡懒觉的原因，原因找到后，根据孩子的实际情况有针对性地从多方面进行引导，问题才容易解决。

身体疲劳是造成诸多孩子赖床的原因之一，除此之外，有些孩子还因为一些心理原因而爱睡懒觉，比如把睡觉当作摆脱生活、学习中各种压力的途径；也有些孩子是由于情绪不好、心情不好、无活动欲望等原因而以睡觉来消磨时光。

改正孩子赖床的坏习惯，家长应该注意以下几个方面：

◎ **保证睡眠时间**

儿童的神经系统发育不健全，易于兴奋，也易于疲劳，所以必须保证他们按时睡觉及睡眠时间的充足，他们才能精力充沛，健康活泼。根据儿童的生理特点，半岁前婴儿每天睡眠需15～20小时；1岁需15～16小时；2～3岁需12～14小时；4～6岁需11～12小时；7岁以上需9～10小时。

◎ **适当午睡**

其实午睡时间多少，什么时候午睡最理想，是要视具体情况而定的，无须过分执着时间的长短，最好以健康状况为根据。例如，有的孩子每天早晨不需人叫便自动起床，而且整天都充满活力，精神充足，身体健康，而且体重又能适量地每月增加，那么，即使他的睡眠时间比同龄的孩子要短，也不用担忧。

不过，午睡时间过长，可能导致孩子晚上无法入睡或不能熟睡。在这种情况下，家长最好让孩子早些起来，到户外散步或玩玩游戏，消耗部分精力，这样他们晚上才会容易熟睡。

◎ **按时作息**

如今的孩子由于生活领域的拓宽，日常生活内容也越来越丰富多彩。许多孩子因此难以控制时间，常常晚睡晚起，吃饭时间也不正常，难以按时作息。

按时作息的最大好处是生活有节律，人体生物钟也较有规律，不紊乱，有利于身心的舒适和健康，学习效率也高。由于按时作息，孩子还能较好地避免懒散的习气，从而形成积极学习、勤奋向上的良好品性，有利于孩子的健康成长。

◎ **叫醒孩子要选择恰当的时机**

人的睡眠分几个阶段，早晨多处于做梦阶段。判断方法是：当你仔细观察会发现，孩子在睡眠中有时会睫毛颤动，此时家长最好不要叫醒孩子，不然孩子被叫醒后容易情绪不好，身体不舒服。家长让做什么，孩子当然也就不会愉快地配合。

◎ **及时鼓励**

不要在孩子起床后大声训斥，这样孩子会产生逆反情绪，以后更不愿意起床。家长应该耐心地对待孩子，起床时多给他一些鼓励的话、亲切的动作、悦耳的音乐、可口的早点，让孩子高兴起来。

◎ **适当的处罚**

学龄前孩子起床常需要家长督促帮助，这是正常现象。但孩子在七八岁之后仍然不能自己按时起床，甚至早上醒了也不起床，这就需要一定的惩罚了。

处罚前，要给孩子制定时间表，让孩子明白，如果达不到规定的时间目标会受到怎样的处罚。处罚应该是公平合理的，不可过重，也不可说了不算。

例如：因起床晚不能按时吃早点，就没有早饭可吃。要让孩子为自己的行为付出代价，不要只家长着急，孩子一点儿也不着急。家长帮他做这做那，一旦照顾不到，孩子则手足无措。要让孩子适当吃些"苦头"，避免将来栽大跟头。

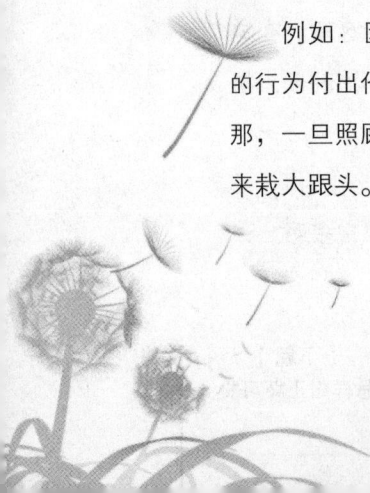

乱扔东西——奥秘藏在表扬之中

有的孩子总是爱乱扔东西，把东西弄得满屋子都是，大人总要跟在他们后面收拾。也有的孩子会将自己的东西放得整整齐齐，不用家长操心。无论哪种行为都不是天生的，而是从小培养的。

一般来讲，孩子天生没有自己收拾东西的习惯，如果家长不注意对孩子从小培养，而是包办代替，日后就会影响孩子独立生活的能力。

12岁的凯文有个令人讨厌的坏习惯，他每天放学一回到家，就把书包、鞋、外衣扔到起居室的地板上。虽然凯文偶尔也会按妈妈的要求把东西都摆放好，但大多数时间都是随地乱扔。对此，凯文妈妈试过很多方法来矫正他这个坏毛病，但无论是提醒他、责备他，还是惩罚他，都无济于事，凯文的东西仍旧堆在地板上。

一天，凯文妈妈终于看到凯文经过起居室而没有乱扔东西，于是，她立即走上前去，轻轻地拥抱了一下凯文，感谢他的体贴和懂事。凯文刚开始很吃惊，但很快他的脸上就充满了自豪。因为他将自己的东西带入自己的房间而受到了妈妈的肯定和表扬，于是在这之后，他就尽力去这样做，而他的妈妈也记着每次都对他表示感谢。慢慢地，凯文乱扔东西的坏习惯就改过来了。

孩子坏习惯的养成总是与家人有着密切的关系，家长有义务和责任帮助他们改掉这些陋习。很多父母也明白这一点，可是却总是苦于找不到好的解决方法。有的父母一旦发现孩子的毛病"屡教不改"就不能容忍，常常动不动就对孩子发脾气，甚至打骂孩子。专家指出，家长这样做不仅不能帮助孩子改正坏习惯，相反，还会影响亲子关系。

那么，如何才能帮助孩子纠正乱扔东西的坏习惯呢？

儿童故意扔东西，最主要的原因有两个：一是得到反馈。东西扔在地上会有响声，会变形（破损、被压扁、被肢解等），所以他喜欢。二是引起注意。他扔了玩具，家长一定要来管，一边替他把玩具放回原处，一边还要说教，偶尔还会打几下，间接地就等于给予他注意了，这比无人理睬要好得多。

年龄稍大一些的孩子，或是由于没有东西要收拾整齐的意识，或者父母就没有这种好习惯，孩子看在眼里，自然而然地也就学会了。

针对这些原因，家长们可以试试以下的方法：

◎ **不予理睬**

让孩子乱扔的东西散在地上，他要用的时候找不到，这时再和他一起收拾，放回原处，使他有对比，知道哪种结果（乱扔或放在原处）是好的，慢慢地改正他乱扔东西的坏习惯。

◎ **把不良行为变成好行为**

针对孩子把东西扔在地上的行为，家长可以用几个大纸盒，让他把东西扔到纸盒里。

◎ **要求要具体**

如果孩子已经长大了，可以给他讲家里要有秩序（什么东西放在哪儿要有规定）的道理。物品用完了，要放回原处，下次再用，就能马上拿到。也可以通过故事讲出这个道理。

◎ **经常和孩子一块儿整理房间**

整理好了，一块儿欣赏。让孩子感受整洁的房间所具有的美感。

◎ **及时表扬**

当有一天孩子主动收拾物品了，哪怕只放好一两件，家长也要大大地表扬。表扬对巩固行为有很好的效果，受到表扬的行为容易再次出现。

◎ **家长要从自身做起**

家长要以身作则，家中随时都要收拾得干净、整洁。在这样的环境中，孩子也就不好意思随处乱扔东西了。

乱涂乱画——信手涂鸦是孩子的天性

孩子往往喜欢到处乱涂乱画，这种乱涂乱画的行为大致从孩子1岁半开始萌芽，他们拿着笔在纸上胡乱涂抹。随着孩子年龄的增长和运动范围的扩大，家中的墙壁、沙发、床单、衣橱、家用电器上，处处都会留下他的即兴之作。

孩童时期的乱涂乱画其实是孩子的一种特殊的表达方式，孩子通过画画来表达他们的喜怒哀乐，表现他们心中所想。在这个过程中，他们不仅对画的图形感兴趣，更对这种涂画的感觉感到兴奋。尤其需要重视的是画画也对孩子有多方面的好处，如发展孩子的想象力、创造力，练习手腕部诸多关节与小肌肉群的协调动作等，家长不可小看这些乱涂乱画。

但是，孩子的这种具有创造性的涂鸦却是没有节制，不分场合和地点的，这又给家长造成了很大的麻烦。比如，家里刷得雪白的墙壁，被孩子涂得五颜六色，家长自然会很心疼。还有的孩子被家长带去别人家做客，也常常会忍不住在别人家的墙壁上乱画，主人虽然不好当面说什么，但心里肯定是不痛快的。家长一定会非常难堪。

一位妈妈讲出了自己的烦恼，3岁的儿子有一个爱好，就是拿着铅笔、蜡笔等在墙上、家具上乱涂乱画。仔细看看，儿子的"涂鸦"作品中不乏一些创意之作，表达了儿子的童心和愿望。但是弄脏了干净雅致的房间，使她很生气。

于是妈妈想了一个办法，她给儿子买来各种画纸和笔，告诉他在这上面画画。然而，这一招似乎不怎么奏效。可能是儿子嫌画纸不够大，限制了他创作的空间，墙壁和家具上仍是到处记录着儿子的"杰作"。

妈妈无奈，只好再想新招。她专门为儿子准备了一块大黑板，让孩子在专为他准备的黑板上表达自己对世界的感受和对未来的憧憬。另外，她买来水彩笔让儿子在家里厨房、卫生间的雪白瓷砖上尽情发挥。现在，儿子有了专门供他随意发挥的天地，也不会在家里到处乱涂乱画了。

怎样引导孩子正确地涂鸦，帮助孩子改正到处乱涂乱画的习惯呢？我们给家长的建议是：

◎带孩子仔细观察一下家里的各个摆设

和孩子商量什么地方能画，什么地方不能画。可在孩子看得见的墙上贴些儿童画、幼儿故事画片等，一方面可扩大孩子的知识面，让孩子模仿，另一方面也可以教育孩子不要在墙上乱涂乱画，更不要在书上、床单上画，只有画得好的画才可以贴在墙上。如果孩子认真画出了好的画，家长可以把它贴在墙上，从而进一步激发孩子画画的兴趣。

◎让孩子亲自体验擦拭被弄脏的地方的难度

一旦发现孩子乱涂乱画，家长最好的办法是领着孩子对比脏和干净的墙面，让孩子和我们一起擦拭被弄脏的地方，使他感到被涂脏的墙壁、门窗想再恢复原样是多么困难。

爸爸妈妈可将这种乱涂的危害性稍微放大，让孩子觉得所犯的错误不可原谅，从而改掉他乱涂的习惯。

◎在墙壁上贴上大块纸张

爸爸妈妈可以在孩子够得着的墙壁上贴上大块纸张，这样既能保持墙面清洁，又能为孩子涂鸦提供便利。另外，家长还要为孩子购置各种各样的涂鸦工具，满足孩子的涂鸦兴趣。可为孩子提供各种各样的画笔和颜料(无毒蜡笔、油画棒、水彩笔、毛笔、手指画原料、水彩颜料等等)。涂鸦要在爸爸妈妈的陪伴下进行，要注意安全，提醒宝宝不要将颜料和笔放到嘴里。

在纸的选择上，可利用废旧的挂历纸、宣纸、广告纸、报纸等等，甚至纸盘、牛奶盒也可以制造不少创造性游戏。

从小吸烟——拒绝荼毒生命的杀手

吸烟有害健康，正处在成长发育期的青少年尤其应该远离烟草。可我们遗憾地看到，现今在烟民的队伍中并不乏一些小小的身影。虽然学校、家长三令五申，却还是有不少同学置若罔闻。据统计，我国高中学生和初中学生中的男生吸烟率分别为38％和24％。

青少年吸烟是一种极其有害的行为。

首先，吸烟是对生命的危害。青少年吸烟的危害比成年人要大。因为青少年正处在身体迅速成长发育的阶段，身体的各器官系统还没有发育成熟，比较稚嫩和敏感，抵抗力不强，而且对各种有毒物质的吸收比成年人要容易，所以中毒更深。青少年吸烟还可能导致早衰、早亡以及影响下一代的发育。女生吸烟则会引起月经紊乱和痛经等症状。

其次，吸烟对心理功能有害无益。长期吸烟会导致人的注意力和稳定性有一定程度的下降，同时还会降低人的智力水平、学习效率和工作效率。青少年吸烟成瘾，可能引起思维过程的严重退化和智力功能的损伤，严重的还会导致思维中断和记忆障碍。

最后，青少年吸烟会助长其追求享乐的生活态度，增加父母的经济负担。吸烟还会促进他们进行不良交往，诱发不良行为，甚至引发犯罪。为了弄到买烟的钱，不惜偷窃、敲诈勒索、抢劫。

青少年吸烟也会给社会带来严重危害。吸烟是引起火灾事故、危害公共安全的重要原因。香烟的烟雾会污染周围环境，损害他人健康。

那么，孩子究竟是因为什么才吸烟的呢？

很大一部分孩子是在好奇心的驱使下开始吸烟的，他们认为"吸烟很酷"，禁不住诱惑，效仿长辈，就抽上了烟；有的孩子是受家长的影响，如果一个孩子的家长嗜烟如命，那么孩子很可能去模仿，家长在无形中为孩子创造了吸烟的环境；有的孩子则是在学校、家长的沉重压力下，选择吸烟作为解脱的方式；还有的孩子是叛逆心理在起作用；另外社会环境、社会舆论对孩子也造成了很大的影响。

一位曾经有过吸烟史的学生讲道："初三时，学习压力特别大，父母又对我期望很高，当时心情特别烦躁。偶尔点燃一支香烟，吸上几口，烦躁的心情会随着烟雾一起吐出，消散在空气中。因为贪恋那种轻松的快感，烟成了我生活中不可或缺的东西。但后来随着咽炎、气喘等病的出现，我才切身体会到吸烟的危害。所以，我奉劝广大学生朋友千万不要吸烟，不要当香烟的俘虏。"

一位爸爸讲，自己的儿子在上初中时，曾经有一段时间沾上了抽烟的恶习。首先发现儿子抽烟的是他的妈妈，她从儿子身上和口气中闻到了淡淡的烟草味。他们觉得对于正在上学的孩子来讲，采取简单的强制戒烟措施不易见效，于是，他们主动找到孩子的班主任，说明了情况，请求帮助。

孩子的班主任是一位责任心强、富有工作经验的老教师。他认真调查后发现，班上的确有少数学生聚集抽烟的现象，之后，他逐步做了大量细致的工作：挖掘"烟民"的学习潜力，丰富学生的业余生活；有计划地组织全班进行"吸烟是否更潇洒"的大讨论，并专门收集了大量反映吸烟危害性的图文资料；还让学生与学生、学生与家长之间结成互助监督小组。

如此不到半年，孩子竟成功地戒了烟。现在回想整个过程，家长的主动配合、科学知识的正面影响、优秀集体的熏陶带动，以及班主任老师富有成效的工作措施，都起到了重要的作用。

作为家长，一旦发现孩子有吸烟的行为，应该态度坚决，及时纠正。那么，家长怎样帮助孩子改正吸烟的坏习惯呢？

◎要向孩子进行正面教育，讲明吸烟的危害

告诉孩子，香烟中含有多种有害物质，特别是尼古丁。吸烟对呼吸器官的机能有很大的破坏作用，易患呼吸道疾病，影响身体健康。吸烟会降低未成年孩子脑力活动的能力，损害记忆能力和学习能力，影响智力、能力的发

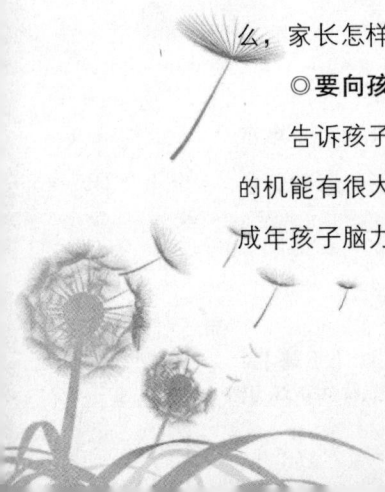

展。家长只有进行说理教育，让孩子认识到吸烟的害处，他们才能自觉地克服吸烟的坏习惯。

◎要切断使孩子染上吸烟坏习惯的污染源

主要从三个方面着手：

——良好的家风是无形的教育力量，家庭中做到没有吸烟者是最理想的环境。家长要以身作则，不吸烟或戒烟。会吸烟的家长除不能姑息迁就孩子吸烟外，还要不给孩子提供吸烟和买烟的机会。

——引导孩子参加社会公益活动，掌握他们在社会上活动的时间和内容，防止他们和社会上的吸烟伙伴经常来往。

——要取得学校领导、老师和同学的配合，经常问询孩子是否有吸烟迹象，实行共同监督。

◎培养孩子戒烟的心理要求

在孩子看来，会吸烟就是成长为大人的标志。所以不少孩子开始吸烟时都是出于好奇心、好玩，随后就试着吸烟，偷着吸烟，最后发展到不以为意地公开吸烟。

此时家长要帮助孩子认识到，会抽烟并不是成人的标志，大多数成人是不抽烟的。同时耐心开导，帮助他们树立戒烟的决心。千万不能训斥挖苦，更不能打骂或撵出家门。重要的是，让孩子自己从主观上形成戒烟的需要和动机。

◎帮助孩子将精力集中在学习上，这是纠正吸烟坏习惯的治本措施

俗语讲：正事不足，闲事有余。大量事实表明，孩子开始染上吸烟行为时，也正是失去学习兴趣之时。绝大多数吸烟的孩子都是学习不好的学生。为此，家长要引导孩子走上学习的正道，经常过问和辅导他们的学习，随时鼓励孩子学习上的每一点儿进步，使孩子将主要精力和活动时间用在学习上。这将有助于他们戒掉吸烟恶习。

网络游戏——别沉迷于"电子海洛因"

一名沉溺于网络游戏虚拟世界的13岁男孩小艺（化名），选择了一种特别的造型告别了现实世界：站在天津市塘沽区海河外滩一栋24层高的楼顶上，双臂平伸，双脚交叉成飞天姿势，纵身跃起朝着东南方向的大海"飞"去，去追寻网络游戏中的那些英雄朋友——大第安、泰兰德、复仇天神以及守望者……

当时目睹这一惨剧的一位工人事后这样向记者感叹："我从来没看见过这样一种奇怪的自杀，设计好那么标准的飞天姿势，而且面带微笑，毫无痛苦！"

初二学生小艺是家中的独生子，从小跟姥姥长大。据小艺爸爸介绍，小艺的学习成绩一直不错，进入重点中学以后，初一第一学期功课还都八九十分，第二学期明显下降，进入初二成绩直线下滑，除了数学考了98分，语文、英语、物理都不及格，后来才发觉小艺迷上了网络。

有次小艺失踪了，两天一夜不见人影，小艺的爸爸妈妈一个网吧一个网吧去寻找。最后他们在一家网吧把他找回家，批评他不能再这样下去了。小艺哭着说："我错了，我一定改！"

尽管小艺屡次保证不再进网吧，但这位13岁少年没能控制住自己，没过多长时间，小艺再次失踪了。父母又一个网吧一个网吧地找，在一家网吧终于找到了他。

小艺爸爸向记者回忆那天的情景：孩子已两天没吃饭了，脸色苍白，浑身都软了。在他身上发现了一张50元的会员卡，网吧里有许多穿着校服的学生。当时我们十分生气，找到老板说："国家有法令规定不准未成年人进网吧，你为什么还发展孩子当会员，这不是把孩子往火坑里推吗？"老板只说了句"我不知道他还未成年"，我们把会员卡退了，便走了。

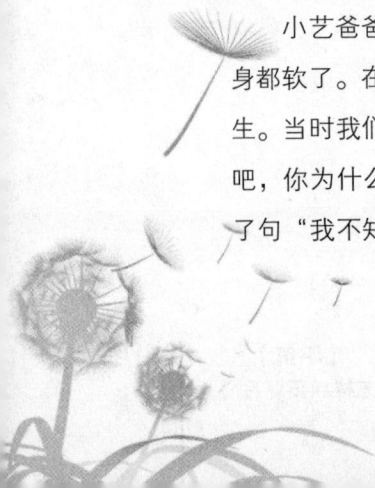

小艺爸爸说："我们最后一次把小艺拉回家已是下午3点钟了，小艺哭着说：'我中了网络游戏的毒，我管不住自己，是个没用的人了。'"

记者在小艺家人手中拿到4个笔记本，洋洋数万言，都是小艺亲手抄写下的网络游戏故事，其中内容大多以第一人称述说，情节充满了游戏的魔幻色彩。小艺自己扮演《守卫者传奇》《英雄年代》故事中的主角，把自己全部融进了"神魔、精灵"世界。文中多次记录了"我"肉体死亡、灵魂升天的经历。

"儿子的自杀可能模仿了网络游戏中的情景！"小艺爸爸推断。

小艺只是沉迷网络游戏而最终走上不归路的孩子中的一个，除此之外，还有更多惨痛的教训摆在我们面前。

据统计，我国目前网络游戏用户青少年占了绝大多数。对北京市593名中学生的调查发现，中学生患网络成瘾综合症的比例是14.8%。

在一些网吧里，真正上网浏览信息的人很少，绝大多数孩子都在玩各种充满杀戮、格斗情节的网络游戏。

据专家分析，网络游戏吸引人有两大要素：一是互动性，二是情节吸引人。在网络游戏里孩子能体验到许多极限感受，如可以目击血雨腥风的杀戮场景，发泄不快心理；可以过关斩将，感受崇拜者的眼光；可以和上千人同时边打边聊，交上一些天南地北的朋友。

有人曾进行过这样一个调查："你认为游戏中的成功与现实中的成功哪个更重要？"结果，70%～80%的学生认为一样重要。由于青少年对网络游戏的操作、探索做得比成年人还好，因此他们很容易在网络游戏中获得现实生活中失落的自信和后来居上、舍我其谁的满足感、成就感。

在当前的教育模式下，现在的学生普遍课业负担很重，很多孩子没了"自我"，活得很累很压抑，而又缺乏必要的宣泄途径，只有在游戏中没有人强迫他去做功课，这个环境对孩子们很有吸引力。

青少年正处于人生观、价值观形成期，大量接触游戏中的暴力情节，会习以为常，在现实生活中遇到一些问题，往往想到用游戏里的方式解决，容易产生一些过激的行为。

在网络游戏的虚拟世界中，可以随意地杀人、放火，可以恋爱、结婚，而这一切都不必承担任何后果和责任。涉世未深的青少年的人生观、价值观、道德观在这里很容易被扭曲。一些网络游戏创造的魔幻色彩，甚至能控制青少年的意志和思维，让他们在现实与虚拟中游走。

可见，青少年沉迷网络游戏将给他们的学习、生活以及未来的发展带来很不利的影响，那么，家长应该怎样帮助孩子改掉沉迷网络游戏的坏习惯呢？有以下几点建议：

◎让孩子多多体验成功

研究表明，人接触不良信息的反应是不同的，对网络游戏的迷恋也不相同。在生活中成功的人，受的消极影响较小，而在生活中失败的人，容易沉溺于虚拟世界。因此，让孩子在生活中获得成功，是抵御不良游戏的关键。

◎在玩游戏中培养孩子的自制力

约束他们无休无止地玩游戏的倾向，平时每天玩游戏最好不超过一节课的时间，周末、节假日每天最好也不要超过3小时，还要注意每隔40分钟左右停下来到户外活动活动。

◎鼓励孩子多玩益智类、运动类的游戏

不提倡上小学的孩子玩大型网络游戏。如果孩子已经在玩了，应该与他们协商，要严格控制游戏时间。还要提醒和监督孩子不玩色情、暴力的网络游戏。

◎引导和鼓励孩子发展多方面兴趣

在玩游戏中及时发现他们其他方面的潜质，支持他们参加教育部门或少先队系统组织的兴趣小组或科普、体育、文化活动。

◎让孩子与现实中的人交往

儿童长大的过程是社会化的过程，而社会化离不开同龄群体的密切交往，离不开深刻的体验。所以，让孩子从小生活在伙伴的友谊之中，是避免虚拟世界诱惑最重要的保障。

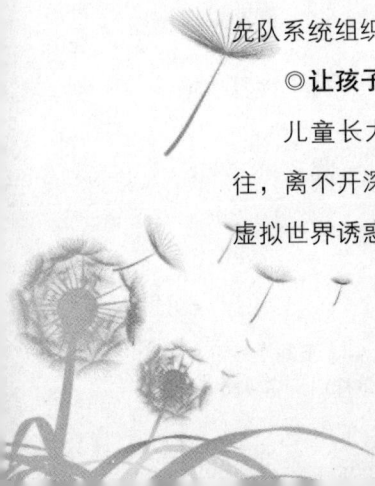

◎实行"目标管理"和正确引导

对孩子玩游戏的次数与时间可以实行目标管理。成绩提高后，可以适当延长游戏时间，反之，适当缩短游戏时间。做到奖励与惩罚相结合，从而调动孩子的学习积极性，增强其自制能力。

沉迷于电视——给孩子找个电视替代品

现在一般家庭都有电视机，很多孩子放学回家第一件事就是打开电视机。况且一些动画片确实很吸引孩子，尤其是住楼房的家长，没有时间陪孩子下楼玩，让孩子自己出去又怕他惹是生非，所以宁愿让孩子在家里长时间看电视，也不让孩子外出，久而久之孩子就迷恋上了电视。

由于孩子分辨能力和自我控制能力低，对电视里的一些刺激镜头或情节不愿放过，吵着闹着要看，这样长期无节制地看电视，不仅会影响孩子的学习成绩，而且对视力、消化系统、人际交往等都会产生不良影响。

莹莹特别喜爱看电视，尤其是电视连续剧。每天放学一回家，第一件事就是打开电视机看电视。中午，不愿睡午觉，要看续集；晚上，作业不愿写，却能认认真真地做个忠实的电视之友，有时看到深夜十一二点钟。

莹莹一旦看起电视来，饭也顾不上吃了，经常是两眼直盯着电视，饭凉了也不知道，每次吃饭，莹莹妈妈都得在房间不停地提醒。

莹莹妈妈也曾尝试过强迫关机，令其写作业或休息。但莹莹总是憋了一肚子气，作业写得马马虎虎，以示对家长的反抗。否则就是等家长稍不注意，又把电视打开了，有时还跑到邻居家去看。

调查结果显示：2～5岁的孩子平均每天看电视4～5小时，6～15岁的孩子平均每天看电视2～4小时。这是不是太多了呢？

电视对人们有很多好处：学龄前儿童借此识字，儿童从关于自然的节目中了解野生动植物，父母也可以从晚间新闻中获知时事。毫无疑问，电视是一个重要的教育者和娱乐提供者。尽管这样，看太多电视还是有害的。

研究表明，每周看电视的时间总和超过10小时的儿童更容易超重，更具好斗性，在学校的学习成绩更落后。经常目睹暴力镜头（比如电视新闻中的绑架或谋杀）的孩子，更可能相信：世界太可怕，一些坏事情将会在他们的身上发生。

大多数儿童早已在入学前就进入了电视的世界：电视是70%的儿童每天的注意中心。一个美国孩子一年在学校度过900个小时，但却在电视机前度过1500个小时。美国儿科学会建议，孩子每天看电视的时间不要超过1~2小时。

作为父母，应该监督孩子所看电视节目的内容，适当地限制孩子看电视的时间，以保证孩子有时间参加其他活动，比如与朋友玩耍、运动和阅读。

不让孩子看电视显然是不现实的，正确引导孩子收看电视，使电视真正成为孩子的朋友，才可能从根本上解决问题。由于很多孩子年龄小，自控力差，所以家长指导孩子正确收看电视节目是非常重要的。孩子到底该看什么节目最终还是决定于家长。对于喜欢看电视的小孩子，家长可以通过以下手段进行监督：

◎把电视机从家里的主要活动区搬走

用不把电视机放在卧室，吃饭时关掉电视等方法来限制孩子在电视机前花的时间。

◎合理控制孩子的电视收看时间

看电视的时间每天要控制在2个小时以内，同时帮助孩子养成良好的看电视习惯，如吃饭时不能看电视。如果没人看或没有孩子喜欢看的节目，应关掉电视。

◎定期抽出一些时间和孩子一起看电视，关注孩子的内心感受

一项最新调查研究表明，家长和孩子经常在一起看电视可以大大减少电视暴力镜头对孩子的不良影响。

◎要留意孩子看电视的表情，看看孩子有没有害怕、崇拜、兴奋或生气

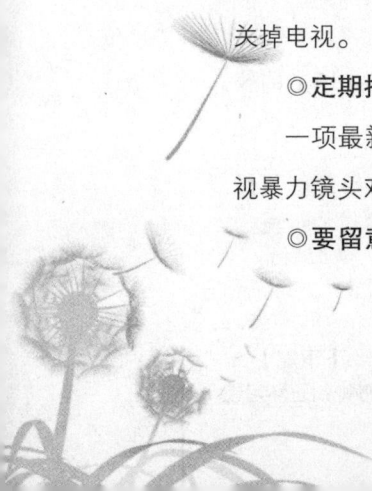

的迹象

一旦感到孩子对电视内容的反应有值得注意的地方，就需要立即与孩子讨论，把电视对孩子的不良心理影响消灭在萌芽状态。

◎**鼓励孩子就节目内容发表自己的见解**

利用电视节目和孩子展开讨论，鼓励孩子就节目内容发表自己的见解，培养孩子的思维和表达能力。这样不但可以促进孩子的全面发展，还能增进父母与孩子之间的交流，缩短父母与孩子之间的心理距离。

◎**提前查看电视节目表，列出可以全家一起观看的节目——非暴力的、制作精良的节目**

这些节目有助于增强家庭观念、培养孩子的社交技巧、教孩子有礼貌地谈吐。告诉孩子尽量只看他想看的节目，而不要一个一个频道地不断搜索。

◎**寻找其他活动来取代看电视**

粗暴地关上电视不让孩子看当然是不现实的，也是不可取的。但家长可以寻找一些活动来取代看电视，比如做游戏，让孩子看一些课外读物等等。

不注意护眼——劳逸结合，眼睛不累

在一次调查中发现，一个班48名学生，竟然有40个是近视眼！调查显示，超过1/3的近视学生度数在200度以上，一成学生的度数超过400度，有一人甚至已经高达700多度。

大多数近视学生是升初中后发现眼睛近视的，但也有15%的学生早在小学四五年级就已出现近视症状。在知道自己近视后，80%的学生没有接受过任何近视治疗。近视学生中超过1/5已戴过不止一副眼镜。

谈到造成近视的原因，60%的近视学生将之归咎于长时间看电视、玩电脑及打游戏机，40%的近视学生认为睡眠不足、功课过多也是造成近视的原因。82.5%的近视学生觉得近视对他们的学习造成了影响，50%的学生认为近视对生活也造成了影响，17.5%的学生认为近视还影响了自己的外表。

一位小学校长认为，现在学生大面积近视，一方面与学生迷恋各种电视节目、电脑游戏有关，另一方面和他们缺乏运动也不无干系，运动量的缺乏不仅导致学生身体素质的全面下降，而且久居室内，视力功能自然会随之衰退。

也有老师认为，父母对于孩子的视力问题缺乏应有的重视。一位老师说，现在很多父母拿到学校与父母联系手册时只知道看第一页的主课成绩，而根本不关心后面的体育课成绩和健康状况。医务室为了防止学生近视想让他们每人购买一种能缓解眼睛疲劳的眼药水，但是要买的学生寥寥无几。更加令人心忧的是，近两年来，近视的初发年龄越来越小。

一位从事卫生工作的老师说，现在近视眼和沙眼、贫血、蛔虫、牙病、肥胖（或营养不良）一起，成为了中小学"六病防治"之一。学校也采取了许多办法，如教室里的日光灯已增加到11盏，而20年前只有4盏。老师们认为，患上近视的主要原因仍是电视、电脑和游戏机，因为每当暑假过后查视力，学生视力下降总是很厉害。

青少年时期，既是长知识时期，又是长身体时期，因此，中小学生应该知识、身体并重，在整个学习生活中，讲究学习卫生，养成良好的学习卫生习惯。

家长要帮孩子及早养成保护眼睛的习惯，应注意以下几点：

◎劳逸结合

人的耐力是有限的，打破限度就会造成永久性损伤，尤其是眼睛，视角长时间固定在一个范围内，最容易引起眼肌疲劳，造成假性近视，甚至发展成真性近视。因此，在学习时应该注意劳逸结合。每学习一个小时以后，休息10分钟，做一些锻炼身体的运动，及时消除大脑和眼肌的疲劳，防止疲劳积累，这样还能提高总体学习效率。

◎纠正躺着看书的习惯

躺着看书，很难控制书与眼之间的距离，也难以控制视角；躺着时大

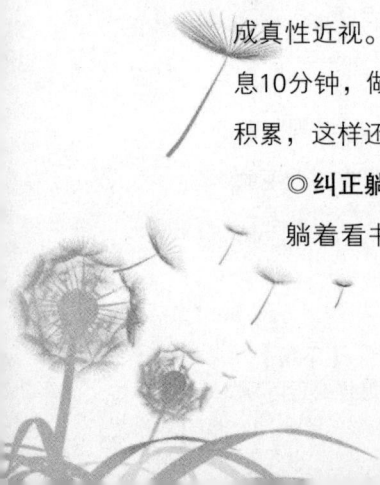

脑由于局部受压迫，血流不畅。因此，躺着看书、看电视，容易引起眼睛疲劳，时间稍长，眼睛就会有一种干涩的感觉，严重时就会造成视力损伤。

除了注意不要躺着看书之外，还应注意不要在光线过强或过暗的地方看书。有许多人喜欢躺着看书，感觉躺着看书舒服、不累，其实这是一种错觉，躺着看书最容易疲劳、犯困。经常躺着看书，不仅会对视力造成不良影响，而且还可能因为条件反射，引起习惯性失眠。

◎坚持做眼保健操

每天坚持做眼保健操，注意眼部卫生，用眼药水来滋润、护理眼睛。

纠正孩子的早恋——一个9岁孩子的"爱情"故事

"早恋"往往是个吓人的话题。不少父母对孩子，尤其是对女孩与异性的交往十分警惕，十二分担心，害怕她们会早恋，更担心她们由于无知、好奇而发生难以挽回的事情。面对孩子的"早恋"现象，家长和老师有的无可奈何，有的围追堵截，有的严厉禁止，有的循循善诱……态度和方法不同，所产生的效果也截然不同。

在现实生活中，我们常常见到这种现象，父母的干涉非但不能减弱恋人之间的爱情，反而使他们的感情得到加强。由于青少年处于特殊的发育期，好奇心强，逆反心理重，因此，父母的干涉越多，反对越强烈，他们相爱就越深。

德比和艾丽斯是13岁的中学生，青春期情感的萌动使他们相互吸引走到了一起，一开始，老师和家长都竭尽全力干涉，然而，这种干涉反而为两个孩子增加了共同语言，他们更加亲近，俨然一对棒打不散的鸳鸯。

后来，校长改变了策略，他将孩子们和老师都叫去，不仅没有批评孩子们，反而说是老师误会了他们，把纯洁的感情玷污了。过后，这两个孩子还是照样来往，但是没过多久，他们就因为缺乏共同话题而渐渐疏远，最终，由于发现对方与自己理想中的王子或公主相差太远而分道扬镳。

还有一个9岁孩子的"爱情"故事：

一天，一个德国留学生到一位中国朋友家里做客，朋友的女儿凯莉一边跳舞，一边大叫着"我要转学，我要转学"。

凯莉刚来德国不久，现在一家德国小学读书。第一个黄皮肤、黑头发的女孩子的出现，在班上引起了不小的轰动。刚上学没几天，就有一个9岁的德国小男孩彼德称自己爱上了凯莉。

这在德国学校里是常见的事，可凯莉作为一个在中国长大的中国女孩子，她的反应不是像西方小女孩那样得意，而是十分愤怒。但彼德却很坦然地找一切机会对凯莉表示亲密。

有一天，凯莉生病了，向老师请了假。谁知彼德竟然在班上大哭起来，嚷着说没有凯莉，他就不能继续上课，他要回家。

老师既没有批评他，也没有安慰他。到了家，彼德哭着对妈妈说，他要和凯莉结婚。在中国，这是一件非常可笑的事，家长就是不引以为羞，也会引起深深忧虑的。那位德国留学生好奇地向朋友询问彼德妈妈是如何反应的。

朋友说："彼德妈妈和蔼可亲地对彼德说：'那很好啊，但是结婚要有礼服、婚纱、戒指，还要有自己的房子、花园，这要花很多很多的钱，可是你现在什么也没有，连玩具都是妈妈给你买的。你要和凯莉结婚，从现在起，就得努力学习，将来才有希望得到这一切。'从此以后，彼德为了能够娶到自己的'新娘'，在学习上比以前更加努力了。"

面对孩子在异性面前的"非常"举动，父母要认识并接受孩子青春发育期的生理和心理状态。处于成长发育期的孩子渴望与异性伙伴交往，问题的关键在于如何培养他们形成健康的异性间情感。儿童虽不会有成年人的那种异性之爱，但也有必要从小培养他们与异性建立健康的情感，使他们能够理解异性、尊重异性，与异性建立自然的、友爱的关系。

早恋对学生学业的影响主要有两个阶段：一是追求阶段，二是分手阶段。在这两个阶段，他们往往会精神恍惚，神不守舍。

如果家长发现孩子有早恋苗头，也不要如临大敌，一味斥责孩子，而应分析孩子早恋的原因，根据不同情况采取不同的教育方法。家长可以参考以下建议：

◎从小培养孩子遇事向师长诉说的习惯

"早恋"问题的解决主要取决于父母能否了解他们，是否站在他们的立场上，用他们的观点和思路去分析他们面临的情境。其要点是教育民主。如此一来，家长就能知道孩子真实的想法，而且这对于塑造孩子开朗的个性和培养创造精神，都是非常重要的。

◎承认孩子青春期的生理和心理状态，给他们必要的疏导

有了第一点作为基础，孩子就会向家长讲述自己的想法。对孩子青春期出现的变化，家长不妨"拆穿西洋镜"，这样他们就会认识到自己的隐私原来就是这么一回事，这将减少有意无意的掩饰对于教育的干扰。须知认识自己"丑陋"的一面，对于扎扎实实做人是至关重要的。

◎进行正确的人生观引导

爱情永远是文学的主题，但是人的一生并不全是爱情，还有理想和抱负。人生观也是选择心仪对象的重要标准。如果我们强化了正确人生观指导下的需要，就有可能抑制由性需要带来的可能不符合社会规范的行为。显然，人生观的教育是一个长期的累积过程，它不是临渴掘井能奏效的。也就是说，早恋问题的教育远在它发生之前。

◎教给孩子识别他人，特别是识别异性的方法

人说初恋是美妙的，是少男少女的游戏，在他们眼里，初恋的对象是不可能再好的完人，其原因就在于他们对异性的特殊感情蒙蔽了他们的良知。因此教给他们如何摆脱微妙情绪的影响去识别异性，并鼓励他们结交更多的异性，这有助于辨识异性和把握自己。这方面的教育以社会见闻和小说故事为好。

◎不要张扬，要冷处理，以免损伤孩子的自尊心，激起孩子的逆反心理

而导致他们破罐子破摔

一般说来，对精神空虚的孩子要加强正确的人生观和价值观教育，并且要加强远大理想和学习意义的教育，注意控制孩子用钱的数量和在外活动的时间，督促孩子将精力放到学习上来。对于爱慕虚荣的孩子，家长要让他充分认识早恋的危害，鼓励他根据自身特长参加有益的文体活动，在活动中认识人生的价值，增强社会责任感；对于盲目钟情的孩子，家长要帮助他用理智勒住感情的野马，认识到不同的年龄有不同的任务，青苹果看起来美、吃起来是酸涩的，并鼓励他开阔心胸，振作精神，升华感情。

◎**不要操之过急，要有耐心**

在教育过程中，家长要有耐心，不要操之过急，孩子转弯是需要时间的，有时还会有反复。

◎**营造一个充满爱的家庭氛围**

优化家庭氛围也是至关重要的，如果一个孩子在缺乏爱的生活环境里，那么，他是很难形成健康的心理的。

◎**对孩子进行一些必要的性知识教育**

家长恰当地对孩子进行一些青春期性生理知识和性道德知识教育也是必要的，这样，有利于孩子消除对性的神秘感，以正确的态度对待早恋问题。